Bernhard P. Wirth

Was Sie schon immer über Menschenkenntnis, Körpersprache und Charakterkunde wissen wollten

Dieses Buch ist meinen beiden Kindern Stephanie und Björn gewidmet, von denen ich viel Natürliches wieder erlernen durfte, das mir als Erwachsener schon verloren gegangen schien.

Bernhard P. Wirth

Was Sie schon immer über Menschenkenntnis, Körpersprache und Charakterkunde wissen wollten

mvg Verlag

Bibliografische Information Der Deutschen Bibliothek
Die Deutsche Bibliothek verzeichnet diese Publikation in der Deutschen Nationalbibliografie; detaillierte bibliografische Daten sind im Internet über http://ddn.ddb.de abrufbar.

Bei diesem Buch handelt es sich um eine gekürzte Ausgabe des Werks **Alles über Menschenkenntnis, Körpersprache und Charakterkunde**, das ebenfalls im mvg-Verlag erschienen ist.

Umschlaggestaltung: Vierthaler & Braun Grafikdesign, München
Satz: mi, Echter J.
Druck und Bindearbeiten: Ebner & Spiegel, Ulm
Printed in Germany 08376/070303
ISBN 3-478-08376-1

Inhaltsverzeichnis

Danke

Mein besonderer Dank gilt den Menschen, die sich den Themen Menschenkenntnis und Charakterkunde geöffnet haben und dazu beitragen, dass sich die Flamme um dieses uralte Wissen immer weiter ausdehnt. Danke an Birgit Henkel, Patricia Baier, Annette Scheidacker, Regina Becker, Ramona U. Gerber, Alexander S. Kaufmann und Dietmar Hofmeister, dass ich die Inhalte dieses Buches im täglichen TUN leben und erleben darf.

Einleitung

Körpersprache und Charakterkunde oder warum Sie dieses Buch lesen und durcharbeiten sollten

„Man kann einem Menschen nichts lehren. Man kann ihm nur helfen, es in sich selbst zu entdecken."

(Galileo Galilei)

Diese Grunderfahrung hat wohl jeder von uns irgendwann in seinem bisherigen Leben gemacht: Es verläuft vielerorts anders, als der Einzelne es erwartet hat, sei es in der Partnerschaft, im Berufsalltag oder im persönlichen Bereich. Und das sowohl im positiven, erfreulichen als auch im negativen, schmerzlichen Sinne. Unser Leben kann sich urplötzlich problemlos gestalten, obwohl wir eigentlich mit Konflikten fest gerechnet haben. Unerwartete Schwierigkeiten zeigen sich genau da, wo wir sie am wenigsten vermutet hätten. Hoffnungen zerschlagen sich, für unwahrscheinlich gehaltene Wendungen zum Guten in einer schier ausweglosen Situation treten auf einmal ein. Jeder hat das schon erlebt und auf den ersten Blick scheint es, als wäre das ganz normal, und man braucht sich bei diesen Feststellungen nicht lange aufzuhalten: Unser Leben ist eben so!

Das sieht dann schon etwas anders aus, wenn wir uns fragen, woran es denn liegt, dass „unser Leben eben so ist", dass sich Erfolg und Misserfolg die Hand reichen, dass auf erfüllte Erwartungen Enttäuschungen folgen, dass womöglich nach Jahren einer glücklichen Partnerschaft der eine wortlos geht? Anders gesagt: In unserem Leben gibt es Momente, in denen wir spüren, wie plötzlich alles, was uns sicher erschien, zu wanken und zu schwanken beginnt und Lebenssituationen, die wir fest im Griff hatten, zerbröckeln.

Hier angekommen, neigen wir schnell dazu, die äußeren Umstände, unsere Mitmenschen oder ein unbegreifliches Schicksal für das Auf und Ab in unserem Leben verantwortlich zu machen. Es gibt Situationen, in denen wir manchmal sogar unfähig sind, unser Glück zu begreifen und es lediglich als Geschenk betrachten.

Bestimmt erinnern Sie sich: Auf seiner einsamen Insel bekam Robinson Crusoe von dem Zeitpunkt an, als Freitag auftauchte, eigentlich erst seine wirklichen Probleme. Sicher wissen Sie auch noch, dass Robinson mit Schuldzuweisungen rasch bei der Hand war und die Schwierigkeiten im Zusammenleben mit Freitag ausschließlich bei diesem suchte! Damit tat unser Schiffbrüchiger nichts anderes als wir oft heute: An vielen Orten unseres Lebens betrachten wir uns nicht als „Spieler", sondern als „Spielball" in einem „Spiel", das hauptsächlich durch unsere zwischenmenschlichen Beziehungen geprägt wird. In der geschilderten Situation können wir jede Verantwortung für die Gestaltung dieser Beziehungen von uns weisen oder uns zumindest bei der Überlegung beruhigen, dass es ja schließlich immer die anderen sind, die ...

Wirklich???

Sind es immer die anderen, denen ich Erfolg oder Misserfolg anlasten kann? Sind es tatsächlich nur die anderen, die für eigene Enttäuschungen in die Pflicht zu nehmen sind? Lag es wirklich nur am anderen, dass Gefühle verstummen?

Wir alle kennen die Situation, in der wir uns darüber beschweren, dass andere nicht hinhören, wenn wir etwas sagen. Vielleicht haben Sie es auch schon einmal im Berufsalltag erlebt, dass Sie der Meinung waren, mit diesem Kollegen einfach „nicht zu können", weil Sie beim besten Willen „den Draht" zu ihm nicht finden konnten. Jedenfalls war das Ihre Meinung. Und so oder so hat vielleicht der eine oder andere die folgende Geschichte schon selber erlebt: Die bisherigen Nachbarn sind plötzlich ausgezogen. Sie haben sich gut mit ihnen verstanden. Waren sie im Urlaub, gossen Sie ihre Blumen, waren Sie für längere Zeit abwesend, haben sie Ihre Katze gefüttert.

In der leer stehenden Wohnung gegenüber tat sich zunächst nichts, bis plötzlich ein neues Namensschild an der Tür hing. Hier musste also jemand in aller Stille eingezogen sein, jedenfalls hatten Sie nichts bemerkt und begannen, neugierig zu werden. Endlich begegnen Sie einem jungen Mann und irgendwie wirkt er auf Sie verschlossen und wenig mitteilsam. Ihre Gespräche beschränken sich aufs Wetter oder den Austausch unverbindlicher Höflichkeiten. Mit der Zeit gibt Ihnen das Rätsel auf und Sie beginnen ihm womöglich Unnahbarkeit, ein ungeselliges Wesen oder Kontaktschwierigkeiten zu unterstellen. Es wird nicht mehr lange dauern und Sie kommen zu der Überzeugung:

„D e r"

ist aber komisch. Damit haben Sie eigentlich alles getan, um den Aufbau einer vernünftigen zwischenmenschlichen Beziehungen von vornherein abzublocken. Von nun an werden Sie mit Ihrem Nachbarn nicht so umgehen, wie er wirklich ist, sondern schieben zwischen sich und ihn immer das Bild, das Sie sich von ihm im Laufe der Zeit gemacht haben.

Bislang freuten Sie sich auf morgendliche Begegnungen und tolerierten es, wenn die Hausordnung erst drei Tage später gemacht wurde. Man sprach über das Tagesgeschehen, die Wichtigtuerei des Hausmeisters und lachte ihn gemeinsam heimlich aus. Sie fühlten sich wohl in Ihrem Haus. Und jetzt: Sie lauschen auf jedes Geräusch aus der Wohnung gegenüber, lassen Ihre Schuhe nicht mehr wie gewohnt vor der Wohnungstür stehen und haben angesichts Ihres bevorstehenden Urlaubs ein Problem mit der Katze. Sie hören sich oft selber sagen, dass früher alles anders war, fühlen sich aber keinesfalls „schuldig" und suchen die Ursachen für Ihr Unwohlsein beim Nachbarn. Sie glauben, ihn beurteilen zu können, schließlich haben Sie ja Menschenkenntnis.

Mit dieser Behauptung stehen Sie nicht allein. Menschenkenntnis – wer behauptet wohl nicht, sie zu haben. Schließlich ist das eine einfache Kunst, das haben Sie vielleicht schon mal bei dem berühmten Philosophen und Mathematiker Georg Christoph Lichtenberg (1742–1799) gelesen und der musste es wissen. Man sagt ihm nach, mit beiden Beinen im Leben gestanden zu haben.

Nun kann es sein, dass Sie dabei einen kleinen Nebensatz überlesen haben. Lichtenberg sagt sinngemäß nämlich auch, dass Selbsterkenntnis die Voraussetzung von Menschenkenntnis sei. Für den berühmten Zeitgenossen und Berufskollegen Lichtenbergs, Immanuel Kant (1724–1804), ist wahre Philosophie übrigens nichts anderes als praktische Menschenkenntnis.

Die Frage nach dem eigenen Ich ist eine der ältesten Fragen der Menschheit und sie wurde in den unterschiedlichsten Versionen gestellt. Heute lautet sie: „Wer bin ich wirklich?" Sie ist die vielleicht zentralste aller Fragen. Von ihrer Beantwortung hängt es für mich ab, ob ich mich im Spannungsfeld der zwischenmenschlichen Beziehungen als „Spieler" oder „Ball" bewege.

Wenn Sie sich bemühen, den manchmal verborgenen Sinn und Nutzen Ihres eigenen Verhaltens, die Symbolik Ihres Körpers, die Mimik und Gestik Ihrer Bewegungen, Ihre Sprache und Ihre seelische Befindlichkeit zu verstehen, wenn Sie erkannt haben, wer Sie selber sind und das für sich anerkennen, werden Sie dieses Verständnis auch zum Maßstab im Umgang mit Ihren Mitmenschen machen und sie akzeptieren. Wenn Sie wissen, wie andere ihre Welt erleben, wie sie von dieser Welt wahrgenommen werden und sich in ihr einrichten, werden Sie andere besser verstehen und mit ihnen umgehen können. Voraussetzung hierfür ist, dass Sie mit sich selbst besser auskommen.

Dahinter verbirgt sich wieder die Frage: „Wer bin ich wirklich?" Niemand kann diese Frage für Sie beantworten, das müssen Sie selber TUN! Kein Arzt der Welt wird es schaffen, Ihnen von heute auf morgen z. B. das Rauchen abzugewöhnen. Den notwendigen Willen hierfür müssen Sie selber aufbringen, ein Mediziner oder Therapeut kann Ihnen dabei nur hilfreich zur Seite stehen. So versteht sich auch das vorliegende Buch, das Sie gerade in Händen halten und zu lesen begonnen haben:

S i e

sind sein eigentliches Thema und es will Ihr lebenslanger Begleiter immer dann sein, wenn Sie Antworten auf diese Fragen suchen. Wenn Sie an sich erkannt haben, dass Sie rasch für neue Herausforderungen zu begeistern sind, weil Sie ein sanguinischer Typ sind und sich bislang über einen Mitmenschen wunderten, der diese Begeisterung mit Ihnen nicht teilen konnte und Problemen mit Grübeleien und Pessimismus begegnete, werden Sie das in Zukunft vielleicht anders sehen. Ihrer Verwunderung oder gar Ablehnung steht nun die Einsicht gegenüber, dass die Welt nicht nur aus Sanguinikern, sondern auch aus Melancholikern besteht.

Diese Einteilung – sie kennt neben diesen zwei Typen noch den Choleriker und Phlegmatiker – stellt keine willkürliche Erfindung dar. Sie ist über 2400 Jahre alt und geht auf den griechischen Arzt Hippokrates (um 460- um 377 v. Chr.) zurück. Seine Lehre von den vier Temperamenten stellt den vier Grundelementen Luft, Wasser, Feuer und Erde vier menschliche Temperamente gegenüber, die in Folge unterschiedlicher Mischung verschiedener Körpersäfte zustande kommen sollen.

Aristoteles (384–322 v. Chr.) übernahm diese Auffassung, meinte aber, dass der Beschaffenheit des Blutes eine besondere Bedeutung bei der Ausbildung des menschlichen Charakters zukommt. So beschrieb er dann den Sanguiniker als Leichtblütigen, den Choleriker als Heißblütigen, den Phlegmatiker als Kaltblütigen und den Melancholiker als Schwerblütigen. In der Antike wird später diese Lehre nochmals bei Galen (129–199 n. Chr.) eine Rolle spielen.

Sicherlich wird heute die Behauptung des kausalen Zusammenhangs zwischen bestimmten „Körpersäften" und jeweiligen menschlichen Charakteren niemand mehr teilen wollen. Geblieben ist aber die dieser Auffassung zu Grunde liegende Idee, wonach das Temperament, der Charakter eines Menschen und seine Körperlichkeit in einem Zusammenhang stehen.

Die Lehre von den Körpersäften der Griechen unterliegt eine Analogie, eine Entsprechung. Blut z.B. stand als Symbol des Lebens und der Lebenskraft. Sanguinisch bedeutet „aus Blut bestehend, lebensvoll". Diese Lebensfülle beinhaltet Heiterkeit, Optimismus, ein gesundes Selbstwertgefühl sowie eine unkomplizierte Lebensphilosophie. Was steht dem entgegen, auch heute noch Menschen, an denen man vorwiegend diese Eigenschaften bemerkt und deren Auswirkungen auf ihr Denken und Handeln erfahren kann, als Sanguiniker zu bezeichnen?

Wichtige Anregungen verdanke ich der Typenlehre des Tübinger Psychiaters Ernst Kretschmer (1888–1964). Ich teile seine Grundauffassung, dass das äußere Erscheinungsbild eines Menschen mit seinen individuellen Eigenschaften zusammenhängt bzw. dass sich der Charakter eines Menschen durchaus auch in seinem äußeren Erscheinungsbild widerspiegelt. Ich habe immer versucht, diese Erkenntnis in meinem Verständnis von Menschenkenntnis anzuwenden.

Ich will zwar nicht behaupten, dass z.B. die „Stupsnase" zwangsläufig einen gesunden Menschenverstand nach sich ziehen muss. Vielmehr machte ich in meinem bisherigen Leben und hier insbesondere über meine Tätigkeit als Trainer die Erfahrung, dass ich für Menschen mit einer Vielzahl gemeinsamer Eigenschaften auch grundlegende gemeinsame Merkmale an ihrem äußeren Erscheinungsbild konstatieren konnte. Von hier aus unternahm ich dann den Schritt, vom Erscheinungsbild auf den Charakter zu schließen, um dann feststellen zu können, dass in der Tat Charakterzüge dem äußeren Bild eines Menschen entsprechen. Diese Beobachtung machte ich an Menschen in den unterschiedlichsten Lebenssituationen: neben Variationen in ihrem charakterlichen Verhalten konnte ich immer eine Reihe wiederkehrender, beständiger oder überwiegender Eigenschaften feststellen.

In diesem Zusammenhang möchte ich Sie auf den Schweizer Psychologen Carl Gustav Jung (1875–1961) aufmerksam machen. Die im heutigen Sprachgebrauch und auch in meinem Buch häufig anzutreffenden Formulierungen vom Introvertierten und Extrovertierten gehen auf seine Forschungen zurück, in deren Ergebnis er diese beiden gegensätzlichen Menschentypen herausstellte. Nun war Jung weit davon entfernt zu behaupten, dass Menschen entweder ausschließlich extrovertiert oder introvertiert seien. Jeder Mensch hat Elemente von beiden im sich. Erst das Überwiegen des einen „Mechanismus" über den anderen macht den jeweiligen Typ aus.

Diesem Gedanken unterliegt die Anerkennung des Gesetzes der Polarität, welches in meinem Buch mehrfach herausgestellt und angewandt wird. Aus diesem Blickwinkel heraus gilt für mich hinsichtlich der Feststellung einer menschlichen Charaktereigenschaft immer das gleichzeitige Mitdenken ihres Gegenteils. Angesichts unterschiedlicher Lebenssituationen kann ich für einen Menschen nicht behaupten, dass er ausschließlich ehrlich und offen ist. Auch der vermeintlich offenherzigste Charakter kann einmal verschlossen sein. Das will ich nie aus den Augen verlieren, wenn ich von jemandem behaupte, er habe einen aufrichtigen Charakter. Auch hier überwiegt eine Eigenschaft eine andere und bedingt so einen Grundcharakter.

Die Anregungen, Hinweise und Mitteilungen zum Thema Menschenkenntnis, die ich bisher erfahren und annehmen konnte, sind so vielfältig, dass ich sie hier im Einzelnen nicht nennen kann. Im Zusammenhang mit meinen Ausführungen zur Graphologie will ich jedoch darauf verweisen, dass deren Feststellungen nicht von ungefähr kommen. Graphologie ist eine Methode der angewandten Psychologie und als solche habe ich sie in meinem Buch unter Berücksichtigung eigener Erfahrungen zum Tragen kommen lassen. Hierbei galt für mich immer bindend, was bereits vor über 200 Jahren sinngemäß Johann Kaspar Lavater (1741–1801) meinte, als er schrieb, dass sich nicht der ganze Charakter und nicht alle Charaktere, aber von manchen Charakteren viel und von einigen wenig aus der bloßen Handschrift erkennen lässt.

Das Thema Körpersprache hat heute einen großen Stellenwert und verfügt dem gemäß über eine Vielzahl von Literatur, die zum Teil im Quellenverzeichnis zu diesem Buch wiederzufinden ist. Dass ich das gesamte Instrumentarium der Möglichkeiten körpersprachlicher Äußerungen nicht erfassen konnte, versteht sich von selbst. Vielmehr war ich bemüht, Ihnen Grundarten menschlicher Gestik und Mimik vorzustellen, deren analoge Deutung ich zum großen Teil einer Vielzahl von Begegnungen mit anderen Menschen verdanke. Dabei war es für mich wichtig, Körpersprache nicht nur als Ausdruck momentaner Situationsbewältigung darzustellen, sondern nonverbale Signale auch als Widerspiegelung grundlegender menschlicher Eigenschaften zu verstehen.

Kapitel 1

Menschen sehen und verstehen

„Der Körper, der Übersetzer der Seele ins Sichtbare ..."

(Christian Morgenstern)

Die Körpertypologie

Unter dem Titel „Körperbau und Charakter“ stellte 1921 zum ersten Mal der Tübinger Psychiater Ernst Kretschmer (1888–1964) seine bis dahin gemachten Beobachtungen zum Zusammenhang von Körperbau und seelischer Struktur eines Menschen der Öffentlichkeit in Buchform vor. Seine Lehre von den „Konstitutionstypen“ (lat. constitutio: Beschaffenheit) war das Ergebnis jahrelanger klinischer Beobachtungen. Eine seiner wohl wichtigsten Schlussfolgerungen ist, dass das äußere Erscheinungsbild meiner Mitmenschen wie auch mein eigenes Aussehen in einem Zusammenhang mit unseren individuellen Eigenschaften stehen und nicht zufällig sind. Kretschmer macht für diese Tatsache die Vererbung von Veranlagungen verantwortlich.

Eine weitere Betrachtungsweise ist die so genannte Lehre von den Temperamenten, die auf den griechischen Arzt Hippokrates (um 460 – um 377 v. Chr.) zurückgeht. Die Idee dieser Lehre besteht darin, dass das Temperament eines Menschen körperlich bedingt ist. Aristoteles (384–322 v. Chr.), auch Grieche und Philosoph, hat sie übernommen und ergänzt. Für ihn kommt der Beschaffenheit des Blutes eine besondere Bedeutung bei der Bildung des Charakters zu. Er unterschied den Sanguiniker (den Leichtblütigen), den Choleriker (den Heißblütigen), den Phlegmatiker (den Kaltblütigen) und den Melancholiker (den Schwerblütigen). Wenngleich die diesen Ideen zu Grunde liegende Lehre von den „Körpersäften“ heute keine Rolle mehr spielt, hat die Einteilung in die genannten vier Typen noch Geltung.

Der Schweizer Psychologe Carl Gustav Jung (1875–1961) fand bei seinen umfangreichen Forschungen zwei äußerst gegensätzliche Menschentypen: den Extrovertierten (der nach außen gewendete Mensch) und den Introvertierten (der nach innen gewendete Mensch) und bemerkte hierzu sinngemäß, dass jeder Mensch beide Mechanismen besitzt, sowohl das der Extroversion als das der Introversion und nur das relative Überwiegen des einen oder des anderen den Typus ausmacht. Der extrovertierte Mensch zeichnet sich u. a. durch erfolgsorientiertes Denken und Handeln, Zielstrebigkeit und Kontaktfreudigkeit aus. Der Introvertierte hingegen bevorzugt die Einsamkeit, die Stille, mag keine größeren Veränderungen in seinem Leben und gestaltet es sehr selbstbezogen.

Neben dieser Zweiteilung stammt von Jung noch die Einteilung nach so genannten Funktionstypen. Hier kennt Jung den Gefühlstyp (sein Denken und Handeln nimmt seinen Anfang ausschließlich beim Gefühl), den intuitiven Typ (sein Handeln ist nicht das Ergebnis eines vorangegangenen systematischen Denkens, sondern vollzieht sich aus einem situationsgebundenen Erfassen der Wirklichkeit heraus), den Denkertyp (sein Handlungsmuster wird von sachlichem und logischem Denken beherrscht) und den Empfindungstyp (er lehnt die verstandesmäßige Durchdringung der Welt für sich ab und baut auf seine Sinnlichkeit). Im Einzelnen soll auf diese unterschiedlichen Typenlehren – von denen es noch mehr gibt – hier nicht eingegangen werden. Wir beschränken uns auf die Lehre von den Körpertypologien und die der Temperamente, aus denen wir viele wichtige Einsichten darüber gewinnen können, wie wir am besten mit uns selbst und anderen umgehen.

Die drei Körpertypologien

oder „ ... von der Art, das Innere des Menschen am Äußeren zu erkennen."

(Immanuel Kant)

Der schlankwüchsige oder leptosome Körperbautyp

Schlankwüchsige Menschen bewegen sich in der Regel in einem Gefühlsmuster, das zwischen den Polen Überempfindlichkeit und emotionaler Kühle festgemacht werden kann. Wir sollten uns daher nicht wundern, wenn diese Menschen auf eine Reihe von Ereignissen in ihrem Leben äußerst sensibel reagieren, während sie andererseits Problemen ihrer Mitmenschen manchmal fassungslos gegenüberstehen.

Hinter diesen Tatsachen lässt sich ein unausgeglichenes und unruhiges Seelenleben vermuten. Das Problem hierbei ist, dass diese Menschen ihr Gefühlsleben meistens verschlossen halten. Damit wirken sie auf andere introvertiert und unzugänglich. Sie führen oft ein „Leben in sich hinein". Es kann lange dauern, bis sie auf äußere Ereignisse sichtbar reagieren. Vielmehr ist es häufig so, dass sie das Geschehen in ihrer Umgebung nicht sofort verarbeiten und es zu Gefühlsanstauungen kommen kann. Hier besteht die Möglichkeit der Entstehung von Frustrationen, was zu explosionsartigen Gefühlsentladungen führen kann. Beides gestaltet den Umgang mit ihnen problematisch, zumal ihr Erscheinungsbild nicht immer ihre innere Verfassung widerspiegelt und sie in ihren Handlungen vielerorts ein Verhalten an den Tag legen, das für andere völlig unerwartet kommt. Sie besitzen die Fähigkeit zum logischen Denken und verfügen über ein gutes Gedächtnis. Es fällt schwer, sie in ihren Überlegungen zu beeinflussen. Mitunter gehen sie hier sehr eigenwillige Wege und neigen zu Gedankensprüngen. Das wirkt sich auf ihre Kreativität mitunter positiv aus.

Der rundwüchsige oder pyknische Körperbautyp

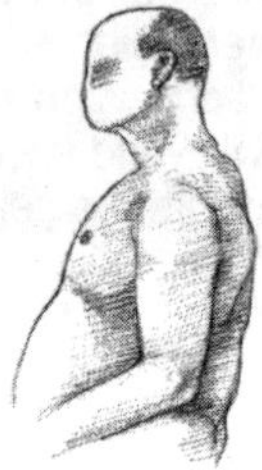

Das Gefühlsleben der Pykniker ist ebenfalls schwer festzumachen und schwankt zwischen den Polen heiter und traurig. Fest gehalten werden kann, dass ihr Denken intensiv von ihrem Gefühlsleben beeinflusst wird. Sie verstecken es vor niemandem und halten mit ihren Ansichten nicht hinter dem Berg.

Diese Menschen strahlen eine unkomplizierte Lebensphilosophie aus, die nicht zuletzt von einer gewissen Zufriedenheit mit sich und ihrer Umwelt spricht. Sie beherrschen die Kunst, sich das Leben leichtzureden und sich veränderten Situationen problemlos anzupassen. Den Sorgen und Leiden anderer gegenüber zeigen sie sich aufgeschlossen und können sie gut nachvollziehen. Geraten sie dabei selbst in Schwermut, spricht das für ihre Neigung, zunächst alles tragisch zu nehmen, ohne in andauernde Melancholie zu versinken. Pykniker blasen gerne Trübsal und fühlen sich in Mitleid und Selbstmitleid mitunter durchaus wohl. Beides gehört ganz einfach zu ihrem Leben. In ihren Überlegungen sind sie vielseitig, manchmal weitschweifig und umständlich. Das beeinträchtigt ihre Fantasie und Fähigkeit zum bildhaften Denken nicht. Ihr Handeln ist leicht zu beeinflussen und zeigt manchmal mangelnde Selbstbeherrschung. Handlungen aus dieser Gefühlslage heraus werden von ihnen schnell bereut, was nicht zuletzt für ihr eigentlich geselliges Wesen spricht. Sie mögen den Umgang mit anderen Menschen, sind zugänglich und sehr gesellig.

Der athletische oder kraftwüchsige Körperbautyp

An diesen Menschen ist eine unerschütterliche Gelassenheit auffallend. Wenn andere schon längst das Handtuch geschmissen haben, beginnen sie sich für das anstehende Problem zu interessieren. Sie strahlen eine geradezu bewundernswerte Ruhe und große körperliche wie seelische Belastbarkeit aus.

In ihrer Anwesenheit fühlen sich andere sicher, geborgen und beschützt. Mit Worten gehen sie äußerst sparsam um. Sie sind mehr Tatmenschen. Ihr Denken ist daher aufs Praktische gerichtet. Sie besitzen einen kühlen sowie sachlichen Verstand und zeigen kein Übermaß an Fantasie.

Die vier Temperamente

oder: „Wir spielen unsere Gedanken gegeneinander aus, in Wirklichkeit unsere Temperamente ..."

(Christian Morgenstern)

Das „leichtblütige Temperament" – der Sanguiniker

Sanguiniker sind heitere, temperamentvolle und sehr lebendige Menschen. Sie strahlen einen unerschütterlichen Optimismus aus und hinterlassen den Eindruck, als wären sie allen Problemen des Lebens gewachsen. In ihrem Denken sind sie unbekümmert, was häufig unbesonnenes, plan- und zielloses Handeln nach sich ziehen kann.

Sie zeichnen sich durch Gedankenreichtum aus und besitzen ein gehobenes, aber gesundes Selbstwertgefühl und meinen deshalb, überall und über alles mitreden zu können. Diese Menschen haben ein geselliges Wesen, sind begeisterungsfähig und gerade hier unbeständig. Ein heute gefasster Entschluss kann bereits am kommenden Tag keine Bedeutung mehr für sie haben, da sie leicht zu beeinflussen sind. Grundsätze, Verhaltensregeln und Vorschriften lehnen Sanguiniker in der Regel für sich ab. Sie haben kein Problem damit, als oberflächlich oder leichtsinnig zu gelten. Mit ihnen ist immer zu rechnen, aber man sollte nie auf sie bauen. Sie sind nicht nachtragend und verkraften Kritik oder Misserfolge mühelos, indem sie sich einfach darüber hinwegsetzen. Zeigen sie Reue oder Bedauern, ist das ehrlich und aufrichtig gemeint, aber nicht von langer Dauer. Sanguiniker leben im Heute und machen sich keine Sorgen um den kommenden Tag.

Das „heißblütige Temperament" – der Choleriker

Choleriker neigen zu heftigen Gefühlsausbrüchen, regen sich rasch auf und können ohne erkennbaren Grund und ohne Vorwarnung in gereizter, wenn nicht gar aggressiver Form reagieren. Es sind leidenschaftliche Menschen, energisch und vital.

Für andere gestaltet sich der Umgang mit ihnen nicht problemlos: Sie lassen sich nur ungern etwas sagen, sind eigensinnig und versuchen allzu oft, mit dem Kopf durch die Wand zu gehen. Widerspruch wird nur selten geduldet. Die seelische Gemütslage von Cholerikern entzieht sich häufig jeder Verstandeskontrolle, wobei es ihnen im Nachhinein oft Leid tut, sich zu Handlungen hinreißen zu lassen, die auf ihre Mitmenschen schwer nachvollziehbar wirken.

Das „kaltblütige Temperament" – der Phlegmatiker

Phlegmatische Menschen sind nur schwer aus ihrem körperlichen und seelischen Gleichgewicht zu bringen. Sie zeigen sich selbst dann noch unerschüttert, wenn andere schon lange entnervt aufgegeben haben. Ihre typische Schwerfälligkeit spiegelt sich in Beständigkeit, Ausdauer sowie Gutmütigkeit wider.

Diese Eigenschaften können auch in einer gewissen Zufriedenheit mit sich und der Welt ihren Grund haben. Die Lebensphilosophie der Phlegmatiker ist unkompliziert, sie stellen keine größeren Ansprüche an sich und das Leben. Auf andere wirken sie verträglich und umgänglich, können aber lebhafte Menschen infolge ihres leidenschaftslos wirkenden Erscheinungsbildes zur puren Verzweiflung treiben.

„das schwerblütige Temperament" – der Melancholiker

Melancholiker haben ein reiches Gefühlsleben, das sich allerdings in Trübsinnigkeit gefallen kann. Sie sind empfindsam und sensibel. Diese Menschen neigen zu Schwermut, andauernder Grübelei und ziehen das Unergründliche der Tatsachenwelt vor. Diese ist ihnen eine Last, bereitet ihnen Kummer und Sorge.

Melancholische Menschen bevorzugen die Einsamkeit und Abgeschiedenheit. Ihre tiefe Nachdenklichkeit muss so vielerorts unbemerkt bleiben, zumal sie im Umgang mit anderen kontaktscheu sind. Melancholiker leiden oft unter mangelndem Selbstvertrauen. Sie sind sehr empfänglich für die Leiden anderer, denen sie verständnisvoll und geduldig entgegentreten. Melancholiker sind groß im Mitleiden.

Menschenkenntnis von Kopf bis Fuß

Es sind eine Vielzahl von Informationen, die Ihnen der andere bei einem Zusammentreffen sendet: seine Körpersprache, seine Kleidung, seine Bewegungen, seine Art zu sprechen usw. Ohne Zweifel bestimmt auch das natürliche Aussehen des anderen das Bild, das Sie sich von ihm machen. Im Folgenden will ich Ihnen Deutungen der augenscheinlichsten Formen menschlichen Aussehens mitteilen, die ich im Laufe der Zeit bei unzähligen Begegnungen mit anderen Menschen immer wieder bestätigt fand.

Die wichtigsten Kopfformen

der quadratische Kopf

Menschen mit dieser Kopfform sind in der Regel willensstark und zeichnen sich durch Entschlussfreudigkeit und Entscheidungsfähigkeit aus. Ihre Handlungen verraten Tatkraft.

der runde Kopf

Hier begegnen uns Menschen mit einem sehr geselligen Wesen. Sie besitzen die Fähigkeit, rasch und zügig Urteile zu treffen. Hilfsbereitschaft, Uneigennützigkeit und Entschlusskraft gehören zu ihren herausragenden Eigenschaften.

der ovale Kopf

Menschen mit dieser Kopfform besitzen einen sehr lebhaften Geist und sind in ihrem Denken beweglich und flexibel. Sie reagieren dann heftig, wenn ihre eigene Persönlichkeit in Frage gestellt wird.

der dreieckige Kopf

Diese Kopfform spricht für Menschen, die einen gesunden Menschenverstand haben. Sie vertrauen aber auch auf ihr „Bauchgefühl" und beherrschen die Kunst, schwierige Probleme diplomatisch zu lösen.

der trapezförmige Kopf

An dieser Kopfform kann man Menschen erkennen, die sich besonders gut für praktische Aufgabenstellungen eignen. Sie haben in der Regel sehr geschickte Hände und sind in ihrem Denken und Handeln erfolgsorientiert ausgerichtet. Diese Menschen stehen mit beiden Beinen fest im Leben.

die dominante Stirn

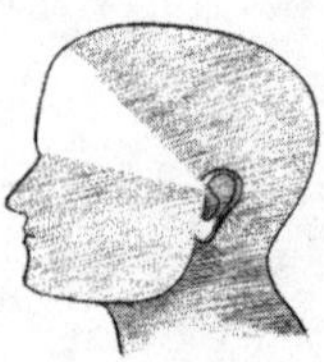

Die dominante Stirn spricht für intellektuelle Menschen. Ihr Verhaltensmuster wird von Verstand und Vernunft bestimmt, ohne das Gefühlsleben zu vernachlässigen. Sie besitzen die Fähigkeit, hier eine eindeutige Trennungslinie zu ziehen.

der dominante Oberkopf

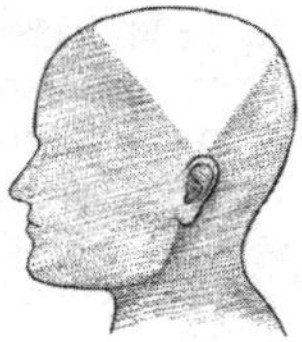

Wir haben „Gefühlsmenschen" vor uns, deren Wesen von einem intensiven Seelenleben bestimmt wird. Ihr Denken und Handeln orientiert sich an sittlich-ethischen Vorgaben und ist oft im Glauben begründet.

der dominante Hinterkopf

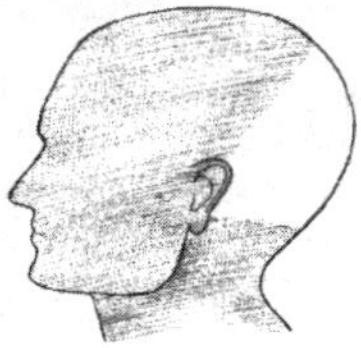

Der dominante Hinterkopf kennzeichnet „Tatmenschen". Sie zeichnen sich durch ein hohes Leistungsvermögen, Dynamik und Beharrlichkeit aus.

Unser Gesicht als Visitenkarte

„Das Gesicht ist die Visitenkarte der allgemeinen Situation eines Individuums ..."

(Ernst Kretschmer)

das schmale Gesicht

Menschen mit einem schmalen Gesicht sind in ihrem Wesen meistens nicht festzulegen. Was festgehalten werden kann, ist ihre Beweglichkeit im Denken und Handeln sowie ihre Anpassungsfähigkeit an die unterschiedlichsten Situationen des Lebens. Sie können auf einer Vielzahl von Gebieten sehr talentiert sein, entfalten jedoch ihre Begabungen in der Regel jenseits praktischer Tätigkeiten. Ihren Mitmenschen gegenüber verhalten sie sich oft großzügig und unvoreingenommen. Mitunter neigen sie zu schwärmerischer Begeisterung, die rasch wieder abflauen kann.

das breite Gesicht

Ein breites Gesicht spricht häufig für Menschen, die in ihrem Denken ausgesprochen realitätsbezogen vorgehen und es fast immer in den Dienst eines erfolgsorientierten Handelns stellen. Dieser gewollt herbeigeführte Leistungsdruck beschneidet ihr Gefühlsleben und kann das Zusammenleben mit anderen problematisch gestalten.

das scharf geschnittene Gesicht

Menschen mit diesem Gesicht wirken auf andere meist kühl und unzugänglich. Sie strahlen eine gewisse intellektuelle Überlegenheit und emotionale Selbstbeherrschung aus, welche oft in ihren kompromisslosen und energischen Handlungen ihre Bestätigung finden. Sie stellen an sich und andere hohe Anforderungen und drängen auf deren Verwirklichung.

das runde Gesicht

Dieses Gesicht vermittelt erfahrungsgemäß ein Gefühl der Geborgenheit, menschlicher Güte und Glaubhaftigkeit. In diesem Gesicht spiegelt sich ein intensives Gefühlsleben wider, das mitunter Stimmungsschwankungen unterworfen sein kann. Diese haben aber keinen negativen Einfluss auf das Zusammenleben dieser Menschen mit anderen. Sie verfügen über Einfühlungsvermögen und achten das Selbstwertgefühl anderer. In ihrem eigenen sind sie für Zuwendungen dankbar.

TUN und WESEN, an der Stirne ist's zu lesen

die gerade Stirn

Menschen mit dieser Stirn sagt man nach, in ihrem Denken nachsichtig und verständnisvoll zu sein. Sie strahlen Wärme und Herzlichkeit aus und wirken auf ihre Mitmenschen sympathisch und glaubwürdig.

die hohe Stirn

Eine hohe Stirn spricht für Menschen, die sich in ihrem Denken und Handeln vom Verstand leiten lassen. Sie gehen sehr sachlich und vorurteilsfrei an alle Probleme des Lebens heran.

die gewölbte Stirn

Diese Form der Stirn verrät Menschen mit einer guten Beobachtungsgabe und einem sehr bildhaften Vorstellungsvermögen.

die breite Stirn

Es ist manchmal nicht einfach, angesichts einer Vielzahl von Eindrücken die Übersicht zu behalten und Wesentliches von Unwesentlichem trennen zu können. Menschen mit einer breiten Stirn besitzen diese Fähigkeit.

die schmale Stirn

Menschen mit dieser Stirn sagt man nach, in ihrem Denken nachsichtig und verständnisvoll zu sein. Sie strahlen Wärme und Herzlichkeit aus und wirken auf ihre Mitmenschen sympathisch und glaubwürdig.

Was uns die Falten der Stirn mitteilen wollen

senkrechte Stirnfalten

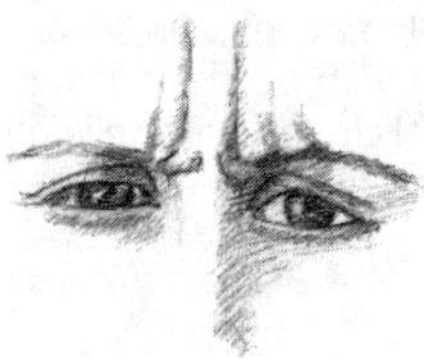

Diese Falten sprechen für Menschen, die andauernde geistige Anstrengung auf sich nehmen. Die so genannte „Konzentrationsfalte" spricht für die Fähigkeit zu höchster gedanklicher Anspannung und Sammlung. Diese Falten können aber auch der Hinweis auf Menschen sein, mit denen es das Leben bislang nicht gut gemeint hat und deren negative seelische Befindlichkeit inzwischen zum Dauerzustand geworden ist.

waagerechte Stirnfalten

Waagerechte Stirnfalten sprechen für Menschen, die ihre Umwelt und ihr eigenes Leben ernst und wichtig nehmen. Leichtfertigkeit im Denken und Handeln sind diesen Menschen fremd. Den Problemen anderer werden solche Menschen stets mit Aufmerksamkeit und Respekt begegnen.

waagerechte und senkrechte Stirnfalten

Diese Falten gestatten den Rückschluss auf Menschen, die oft mit sich und anderen Probleme haben, die ihnen als unlösbar erscheinen. Die Gemütslage dieser Menschen spricht von Unzufriedenheit und kann manchmal einem heillosen Durcheinander gleichen.

die Mittelfalte

Menschen mit dieser Stirnfalte sind sowohl im rationalen als auch im irrationalen Denken zu Hause. Das befähigt sie, in ihren Überlegungen nicht nur mit bemerkenswerter Logik vorzugehen. Sie zeichnen sich vor allem durch originelle Überlegungen aus, deren Ursprung in ihrem intuitiven Vermögen und ihrer Fantasie liegt. An diesen Menschen fällt auf, dass sie selbst angesichts bedrückender Lebenssituationen bemüht sind, diesen einen Sinn abzugewinnen.

ohne Falten

Für diese Menschen haben die äußeren Umstände des eigenen Daseins ganz offensichtlich das Ergebnis gehabt, dass sie bisher ein glückliches und aus ihrer Sicht erfülltes Leben geführt haben.

Stellungen und Ausdruck der Augen

zusammen stehende Augen

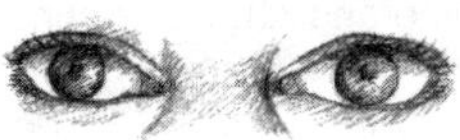

Menschen mit dieser Augenstellung bewegen sich erfahrungsgemäß in einem Verhaltensmuster, das sowohl Handlungen aus reinem Idealismus als auch aus blindem Fanatismus zulässt. Sie sind in jedem Fall schnell begeisterungsfähig und hängen in ständiger Abfolge den unterschiedlichsten Weltanschauungen oder Leitbildern an.

auseinander liegende Augen

Menschen mit auseinander liegenden Augen sind in der Regel nüchterne Denker mit einem klaren Verstand. In ihren Überlegungen und Handlungen legen sie meist eine kühle Sachlichkeit an den Tag. Spekulatives Denken ist ihnen fremd. Es zählt letztlich für diese Menschen nur das, was der Erfahrung zugänglich und einsichtig ist.

offene Augen

Dieser Augenausdruck spricht für Menschen, die ein aufgeschlossenes Wesen haben und ihrer Umwelt interessiert gegenübertreten. Ihre Lebensphilosophie wird von Optimismus getragen. Sie haben einen weltoffenen Charakter, der viel Menschliches an sich hat und Lebensfreude ausstrahlt.

verhängte Augen

Dieser Augenausdruck ist für Menschen typisch, deren Verhaltensmuster von Interesselosigkeit und Gleichgültigkeit gekennzeichnet ist. In ihrem Denken und Handeln wirken sie oft teilnahmslos und antriebsschwach. Sie erwecken bei anderen häufig den Eindruck ständiger Niedergeschlagenheit.

weit geöffnete Augen

Menschen, die immer so schauen, haben einen weiten Horizont. Sie sind geistig rege sowie für sinnliche Eindrücke sehr empfänglich. Sie geben sich gern der beschaulichen Betrachtung hin.

abgedeckte Augen

Dieser Augenausdruck verrät uns Menschen mit einer außergewöhnlichen Konzentrationsfähigkeit. Sie schenken ihren Mitmenschen und der Umwelt viel Aufmerksamkeit und sind im angestrengten Nachdenken zu Hause.

Die Farbe unserer Augen

oder „ … ein graues Auge – ein schlaues Auge;
Auf schelmische Launen deuten die braunen;
Des Auges Bläue – bedeutet Treue;
– Doch eines schwarzen Auges Gefunkel
Ist stets, wie Gottes Auge, dunkel …"

(Friedrich von Bodenstedt)

schwarze Augen

Menschen mit schwarzen Augen gelten in ihrem Verhalten als streitlustig. Sie leiden gelegentlich unter mangelnder Selbstbeherrschung. Sie sind sehr tatkräftig und können energisch zupacken. In der Verfolgung eigener Ziele und Interessen wirken sie ausgesprochen hartnäckig.

blaue Augen

Menschen mit blauen Augen sagt man zu Recht Großzügigkeit und Aufgeschlossenheit nach. Im Umgang mit anderen sind sie verträglich und geduldig. Sie haben ein sanftmütiges Wesen.

graue Augen

Graue Augen sprechen für Menschen, die sich anderen gegenüber meistens distanziert verhalten und kontaktarm sind. Es fällt mitunter schwer, ihr Interesse und Mitgefühl für die Probleme ihrer Mitmenschen zu wecken.

grüne Augen

Menschen mit grünen Augen zeigen sich sehr begeisterungsfähig und haben ein sinnliches, leidenschaftliches Wesen. Sie sind sehr aufgeschlossen für Gemütswerte. In der Befolgung und Annahme rationaler Leitbilder unterliegen sie oft Schwankungen. Hier eingenommene Positionen können rasch wieder aufgekündigt werden.

braune bzw. dunkelfarbige Augen

Mit diesen Augen verraten sich Menschen mit einem intensiven Gefühlsleben. Sie sind meistens introvertiert und in ihren Handlungen mitunter unbeherrscht.

Unsere Augenfalten deuten

Lachfalten

Menschen mit Lachfalten an den Augen haben ein heiteres Wesen. Sie nehmen das Leben fast immer von seiner positiven Seite, sind weltoffen und anderen gegenüber unvoreingenommen.

gespannte Augenfalten

Gespannte Falten an den Augen sprechen für Menschen, die häufig ein misstrauisches Wesen haben. Sie leiden unter dem Hang zu übertriebener Vorsicht und sind schwer zugänglich.

Was die Ohrenformen verraten

das Ohr

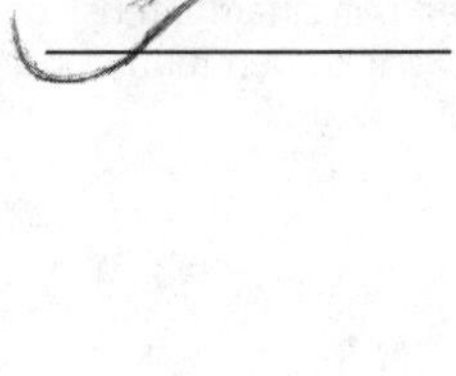

große Ohren

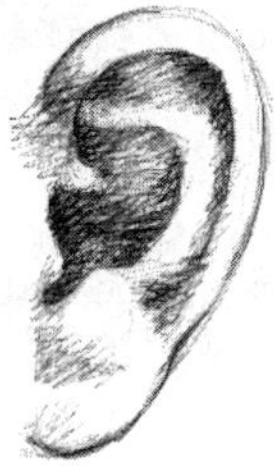

Große Ohren sprechen von Menschen mit einem gesunden Selbstbewusstsein und einem schöpferischen sowie lebhaften Verstand. Sie besitzen die Fähigkeit, logisch zu denken, haben ein selbstständiges Urteilsvermögen sowie Fantasie. Sie sind körperlich wie geistig belastbar und zeigen sich in ihrem Gefühlsleben beherrscht. In ihren Handlungen beweisen sie Zielstrebigkeit sowie Ausdauer. Sie können andere begeistern und mitreißen.

normal große Ohren

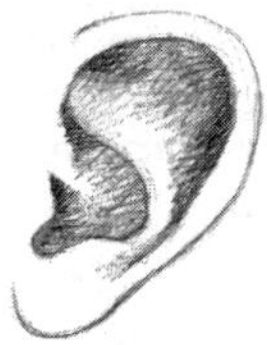

Menschen mit normal großen Ohren haben eine positive Einstellung zum Leben, besitzen Weitblick und können vorausschauend denken. In ihren Handlungen sind sie verantwortungsbewusst, zuverlässig und gründlich. Sie wirken selbstsicher und gelten in ihrem Wesen zu Recht als ausgeglichen und gefestigt. Anderen gegenüber treten sie herzlich, mitfühlend und verständnisvoll auf. Sie sind durchaus erfolgsorientiert.

kleine Ohren

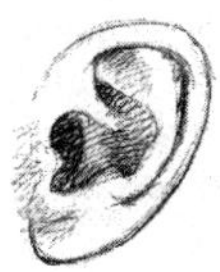

Kleine Ohren sprechen für eine musische Veranlagung sowie ein feinfühliges Wesen. Das muss eine unkomplizierte Lebensphilosophie nicht ausschließen. Menschen mit kleinen Ohren sind hilfsbereit und den Gefühlen anderer gegenüber aufgeschlossen. Im Umgang mit ihren Mitmenschen zeigen sie sich taktvoll und tolerant.

schmale Ohren

Menschen mit schmalen Ohren haben mitunter eine ichbezogene Lebensphilosophie. In die Wertung ihrer Umwelt und den Umgang mit anderen bringen sie verstärkt persönliche Sichtweisen ein. Sie treten selbstbewusst auf, sind willensstark und verfügen über eine ausgeprägte Zielstrebigkeit im Denken und Handeln. Auffallend an diesen Menschen ist ihr Mitteilungsbedürfnis.

breite Ohren

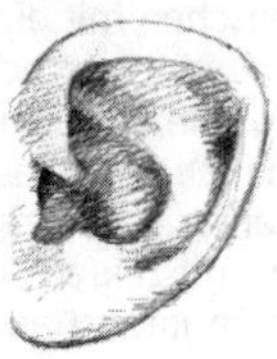

Menschen mit diesen Ohren haben in der Regel ein durchaus belastbares Seelenleben und zeigen sich auch von größeren Erschütterungen im Zusammenleben mit ihren Mitmenschen nicht wesentlich beeinträchtigt. Sie können Spannungen in ihren zwischenmenschlichen Beziehungen ertragen und anderen in krisenhaften Situationen hilfreich zur Seite stehen.

runde Ohren

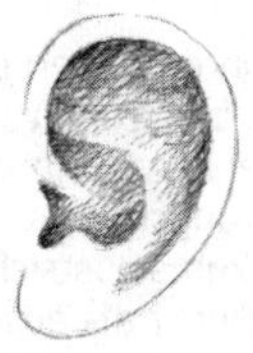

Menschen mit diesen Ohren haben ein vielschichtiges Innenleben und lassen sich in ihrem Denken und Handeln oft von ethischen Idealen leiten. Diese Menschen haben eine gewisse Ausstrahlungskraft und wirken auf andere begeisternd.

kantige Ohren

Menschen mit diesen Ohren durchleben häufig ein destruktives Verhältnis zu sich, ihren Mitmenschen und der Umwelt. Sie sind daher an vielen Stellen hart zu sich selbst und anderen. Häufig vermögen sie es nicht, sich an den schönen Seiten des Lebens zu erfreuen.

Ohren mit starker Außenleiste

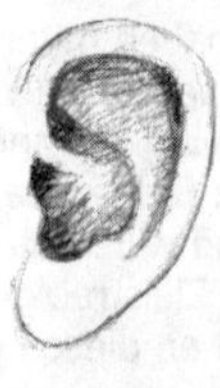

Menschen mit diesen Ohren denken souverän sowie konzentriert und handeln zielstrebig. Sie sind in der Regel innerlich gefestigt und beweisen in der Umsetzung ihrer ausgeglichenen und gefestigten Gefühlslage eine hohe Eigendisziplin. Sie wird durch ein natürlich gehobenes Selbstwertgefühl gestützt. Ihren Mitmenschen gegenüber legen sie ein aufrichtiges und glaubwürdiges Wohlwollen an den Tag.

Ohren mit schwacher Außenleiste

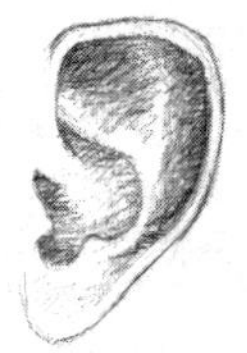

Diese Ohren machen auf Menschen aufmerksam, die vom Typ her als introvertiert und sensibel gelten sowie gelegentlich depressiv wirken. Sie leben oft intensiv im eigenen Ego, besitzen einen schwachen Handlungswillen und vermeiden gerne Entscheidungen. Ihre Sensibilität kann sich in ausgeprägten musischen Fähigkeiten niederschlagen, die unter Umständen zu künstlerischen Höchstleistungen führen.

Ohren mit starker Innenleiste

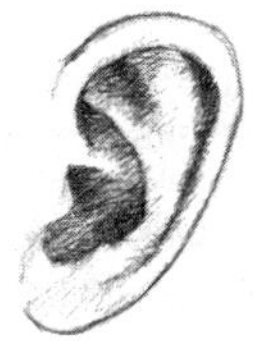

Ohren mit einer starken Innenleiste sprechen für ehrgeizige und zielstrebige, erfolgsorientierte Menschen. In ihrem Denken und Handeln wirken diese Menschen konsequent. Sie sind in jeder Beziehung belastbar und stellen an andere gleichfalls hohe Anforderungen. Sie beweisen viel Unternehmungsgeist und haben eine gewisse Ausstrahlung, die allerdings vorhandene Neigungen zur Selbstgefälligkeit nicht verbergen kann.

Ohren mit dünner Innenleiste

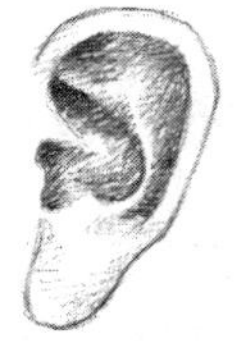

Ohren mit einer dünnen Innenleiste signalisieren ein verletzliches Seelenleben und sprechen für eine eher unauffällige Tatkraft, die jedoch im Stillen sehr engagiert wirken kann. Menschen mit diesen Ohren sind bescheiden und stellen an sich keine großen Anforderungen.

Ohren mit großer Ohrbucht

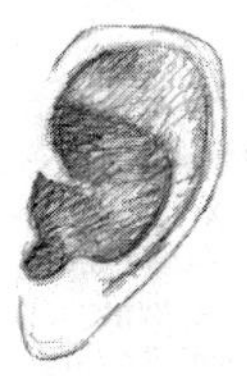

Diese Ohren geben Menschen zu erkennen, die eine gute Beobachtungsgabe besitzen und sich durch eine Vielfalt von Begabungen und Talenten auszeichnen. In ihrem Denken und Handeln sind sie sehr eigenständig und schwer zu beeinflussen. Sie haben eine ungeheure Vitalität und genießen das Leben in vollen Zügen. Eine gewisse Maßlosigkeit in der Umsetzung des eigenen intensiven Gefühlslebens kann hierbei bemerkt werden.

Ohren mit kleiner Ohrbucht

Die seelische Befindlichkeit von Menschen mit diesen Ohren ist mehr am Praktischen und Machbaren orientiert. Unter der Hand werden damit auch die schönen Dinge des Lebens häufig als Mittel zum Zweck betrachtet: z.B. Bilder lediglich als Wertanlage. Diese Menschen haben einen klaren Verstand und gelten zu Recht als nüchterne Rechner. In einer Vielzahl von Lebensbereichen sind sie sehr produktiv und beweisen Weitblick.

Ohren mit fehlendem unteren Einschnitt

Menschen mit diesen Ohren verfahren in ihrem Denken und Handeln vielfach jenseits überkommener Konventionen. Ihr Gefühlsleben entzieht sich fast immer der Einflussnahme anderer. Die Garantie der eigenen Selbstverwirklichung wie der anderer zählen zu ihren Grundwerten.

Ohren mit kleinem unteren Einschnitt

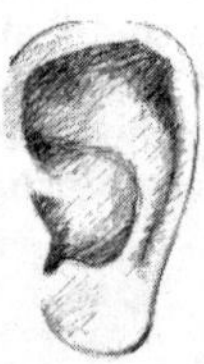

Diese Ohren sprechen meistens für Menschen mit einem aufgeschlossenen, beweglichen und logischen Verstand. Sie beweisen häufig ihr selbstständiges Urteilsvermögen und neigen häufig zu wertungsfreien kritischen Herangehensweisen im Denken und Handeln.

Ohren mit großem unteren Einschnitt

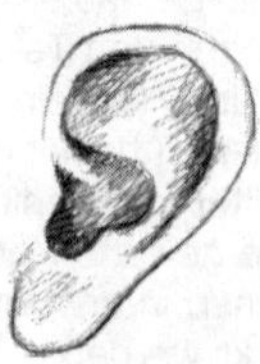

Menschen mit diesen Ohren beherrschen meist die Kunst, in ihrem Denken und Handeln äußerste Konzentration an den Tag zu legen. Sie sind auch für das kleinste Detail aufnahmefähig und behalten dennoch einen souveränen Überblick. In ihrem Gefühlsleben gehen sie mitunter recht eigenwillige Wege.

Ohren mit großen Ohrläppchen

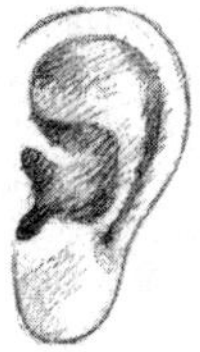

Menschen mit großen Ohrläppchen können hervorragend in Bildern denken. Sie stellen an das Leben eine Vielzahl von Hoffnungen und Erwartungen, die mitunter realitätsfern und fantastisch wirken. Sie haben damit kein Problem, denn sie verkörpern den Träumer und visionären Typ, der sich seine Illusionen so ohne weiteres nicht nehmen lässt, auch wenn sie sich als unerfüllbar erweisen. In ihrem Denken wird das Irrationale das Rationale immer übertreffen. Diese Menschen haben einen ausgeprägten Sinn für Selbstbestimmung und Selbstverwirklichung.

Ohren mit kleinen Ohrläppchen

Kleine Ohrläppchen sprechen für Menschen, die Bilder, Spekulationen oder Visionen für sich ablehnen. Es handelt sich um die sprichwörtlichen nüchternen und kühlen Denker: objektiv und unvoreingenommen. Die Sachlichkeit ihres Verstandes prägt ihr gesamtes Handeln, obwohl sie nicht frei von Gefühlen sein müssen, diese aber völlig unter Kontrolle haben.

Ohren mit angewachsenen Ohrläppchen

Menschen mit diesen Ohren sind erfahrungsgemäß frei von irgendwelchen Illusionen und ziehen den Verstand der Spekulation vor. Sie gehen äußerst nüchtern an Probleme des Alltags heran und vermeiden Gefühlsäußerungen.

„Man sieht's ihm an der Nase an."

die dünne, spitze Nase

Menschen mit einer dünnen, spitzen Nase neigen manchmal zur Selbstdarstellung und sind von den eigenen Plänen und Unternehmungen überzeugt. Aus diesem Selbstbewusstsein heraus gestalten sich ihr gesamtes Denken und Handeln sehr energisch und resolut. Gefühlsäußerungen wird man bei ihnen nur selten bemerken.

die rundliche, füllige Nase

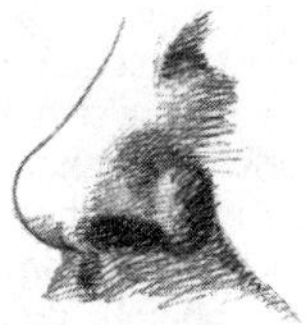

Rundliche, füllige Nasen sprechen für Menschen mit einem tiefen und intensiven Gefühlsleben. Wohlwollen gegenüber anderen sowie Güte gehören zu ihren Grundhaltungen. Sie begegnen allen möglichen Situationen des menschlichen Daseins verständnisvoll und tolerant.

die dicke Nase

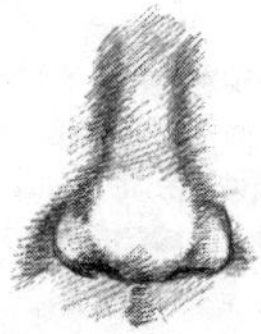

Mit dieser Nase können sich sinnlich veranlagte und häufig introvertierte Menschen mitteilen. Sie stehen den Wirren des Lebens manchmal hilflos gegenüber. Das lässt ihr Handeln mitunter als ziellos und unvernünftig erscheinen.

die platte Nase

Menschen mit dieser Nase haben mitunter Probleme damit, die Ansichten und Ideen anderer zu akzeptieren und zu tolerieren. Gesteigerten Wert legen sie darauf, ein bereits vorhandenes Körperpotenzial weiter auszubilden. Diese Menschen können kraftvoll zupacken und werden in der Regel körperliche Arbeit anderen Tätigkeiten vorziehen.

die lange Nase

Menschen mit dieser Nase sind sehr selbstständig und verlassen sich in vielen Lebenslagen lieber auf sich selbst. Erfahrungen machen sie gerne allein und eignen sich Wissen häufig autodidaktisch an. Dabei halten sie es nicht unter Verschluss, sondern teilen es anderen mitunter sehr erfolgreich mit. Diese Menschen sind in ihrem Denken und Handeln sehr gründlich und umsichtig. Nicht selten legen sie ein großzügiges Verhalten an den Tag, müssen aber darauf achten, dass es von anderen nicht ausgenutzt wird.

die füllige, faltige Nase

Mit dieser Nase kann sich Verschlossenheit zu erkennen geben. Menschen mit dieser Nase sind erfahrungsgemäß für andere schwer zugänglich. Sie teilen sich ungern mit und können hinter ihrem Schweigen durchaus Unsicherheiten verbergen wollen. Es besteht allerdings auch die Möglichkeit, dass dieses vermeintlich weltabgewandte Verhalten Ausdruck tiefsten Nachdenkens ist.

die „Stupsnase“

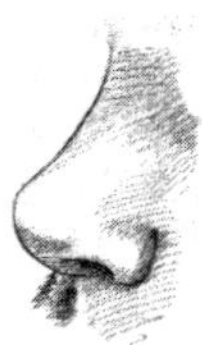

Die „Stupsnase“ spricht für Lebensklugheit und einen gesunden Menschenverstand. Menschen mit dieser Nase kann man nur schwer etwas vormachen, wobei eine gewisse Neigung zur Selbstgefälligkeit nicht verborgen bleibt.

Der Mund sagt mehr, als man denkt

der große Mund

Dieser Mund ist typisch für Menschen mit einem intensiven Gefühlsleben und der Vorliebe für irrationale Denkmuster. Sie scheuen sich nicht vor öffentlichen Gefühlsäußerungen und gelten als Genussmenschen.

der kleine Mund

Dieser Mund spricht für Menschen, die ihre Gefühle schwerlich aussprechen werden. Ihr Denken bewegt sich in vorwiegend rationalen Bahnen. Sie wirken schüchtern und können in ihren Entscheidungen zögerlich sein.

der spitze Mund

Der spitze Mund ist typisch für Menschen, die im Umgang mit anderen ständig zur Auseinandersetzung tendieren. Sie neigen oft zu raschen Entschlüssen und geben sich viel Mühe, in ihren Leistungen andere zu überflügeln. Dabei stellen sie hohe Anforderungen an sich selbst und würden im Falle des Versagens die Schuld nie bei anderen suchen.

der offene Mund

Der ständig offene Mund kann auf Menschen aufmerksam machen, die in ihrem Denken und Handeln wenig einfallsreich und festgefahren sind. Sie ergreifen äußerst selten die Initiative und warten lieber darauf, dass andere es tun. Sind sie jedoch einmal von einer Idee ergriffen, verfolgen sie diese hartnäckig.

Lippen sind nicht nur zum Küssen da

volle Lippen

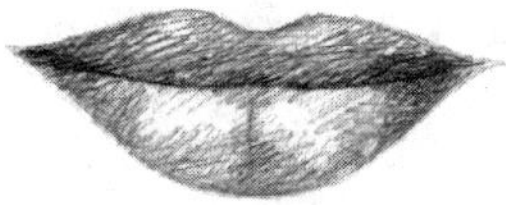

Diese Lippen wirken freundlich und liebenswürdig. Sie haben eine Ausstrahlung, die auf herzliche, mitfühlende und verständnisvolle Menschen schließen lässt. Sie sind in Regel sehr gefühlsbetont und sinnlich veranlagt.

schmale Lippen

Diese Lippen sprechen von verhaltenen bis verschlossenen Menschen. In ihren Entscheidungen können sie manchmal schwankend sein. Sie sind bereit, Verzicht zu üben und können Zugeständnisse an andere machen. Das trifft dann nicht zu, wenn es sich um die Wahrung ureigenster Interessen handelt.

die vorstehende Oberlippe

Sie verweist häufig auf Menschen mit bemerkenswerten intellektuellen Anlagen. Sie sind umgänglich, kontaktfreudig und zeigen sich oft anpassungsfähig.

die vorstehende Unterlippe

Menschen, deren Denken sich vorrangig in sachlichen und nüchternen Bahnen bewegt, haben häufig eine vorstehende Unterlippe. Sie wirken verschlossen und gehören zu den Schweigern. Wenn sie sich jedoch äußern, trifft das Gesagte in der Regel den Punkt. Dabei kann es passieren, dass sie sich anderen gegenüber wenig einfühlsam zeigen.

eingekniffene Lippen

Es ist oft zu erleben, dass Menschen mit diesen Lippen über Durchsetzungskraft, Konsequenz und Entschlossenheit im Denken und Handeln verfügen. Das kann zu Schwierigkeiten im Umgang mit anderen führen. Sie sind meistens unnachgiebig und bestrebt, eigene Wege zu gehen.

scharf geschnittene Lippen

Hier macht sich ein Intellekt bemerkbar, der in seiner Intensität fast ausnahmslos alle anderen menschlichen Regungen und Gefühle überschattet und beherrscht.

Was das Kinn offenbart

das volle, runde Kinn

Menschen mit diesem Kinn lieben die Annehmlichkeiten des Lebens und richten ihr Interesse vorrangig auf gesicherte materielle Verhältnisse. Hier können sie beachtliche Aktivitäten freisetzen, ansonsten zügeln sie bewusst ihre Tatkraft und vermeiden größere körperliche und geistige Anstrengungen. In ihrem Denken wirken diese Menschen meistens unbeschwert.

das spitze Kinn

Diese Form des Kinns gestattet den Rückschluss auf Menschen mit einem überdurchschnittlichen Intellekt. Trifft das zu, sind diese Menschen gleichfalls in der Lage, ihren Verstand geschickt einzusetzen. Größere Gefühlskundgebungen sind von ihnen nicht zu erwarten.

das breite Kinn

Ein breites Kinn signalisiert in der Regel die Fähigkeit von Menschen, ihre vorhandenen körperlichen Kräfte gezielt und bewusst einzusetzen. Ein intensives Nachdenken über das Wohin und Warum einer Handlung findet in diesem Zusammenhang meistens keine Beachtung.

das formlose Kinn

Dieses Kinn kann für Menschen sprechen, deren Leben sich bisher in andauernder Auseinandersetzung mit der Umwelt abspielte. Sie zeigen wenig Anpassungsfähigkeit und gelten für andere mitunter als der typische Querulant.

das kleine Kinn

Mit diesem Kinn geben sich meistens Menschen zu erkennen, die schüchtern und zurückhaltend sind. Im Umgang mit anderen wirken sie gehemmt und unsicher. Sehr oft haben sie Angst davor, etwas falsch zu machen. Es besteht die Möglichkeit, dass sie nicht die Kraft besitzen, andauernde seelische Belastungen auszuhalten.

das glatte Kinn

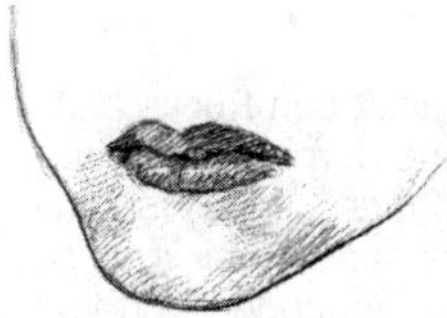

Menschen mit einem glatten Kinn sind sparsam im Umgang mit ihren Gefühlen. Sie bevorzugen gründliches Nachdenken und legen in ihrem Handeln meistens eine übertriebene Vorsicht an den Tag.

das eckige Kinn

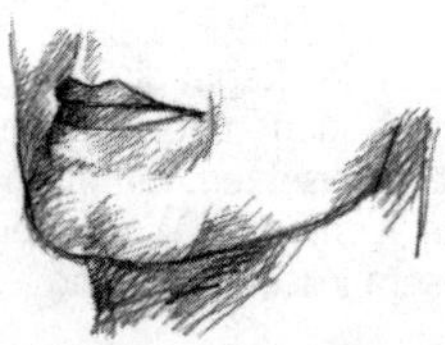

Diese Form des Kinns spricht wiederholt für Menschen, die einen ausgeprägten Geschäftssinn haben. Sie können vorausschauend sowie planend denken und neigen zur Risikobereitschaft. Diese Menschen verfügen über ein gesundes Selbstvertrauen sowie eine ausgeglichene und stabile Gefühlslage.

das vorspringende Kinn

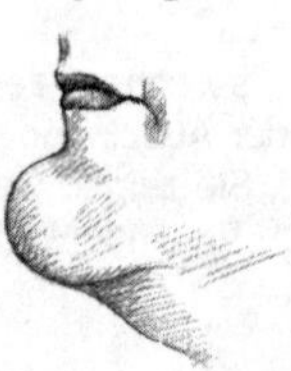

Es sind zumeist Menschen mit einem ausgeprägten Ehr- und Selbstwertgefühl, die ein solches Kinn haben. Sie treten selbstsicher auf und zeigen sich anderen gegenüber großzügig, aber auch bestimmt.

Auf den Hals achten

der lange Hals

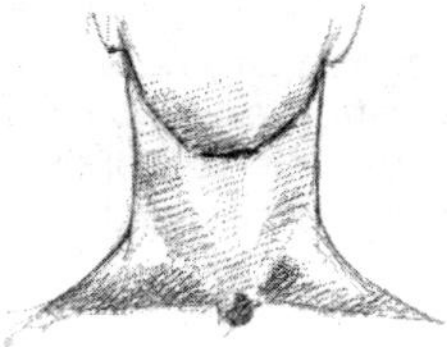

Menschen mit einem langen Hals sind meist schüchtern und ängstlich. Hier drückt sich eine Zurückhaltung aus, die in einer anfälligen körperlichen Gesamtbeschaffenheit begründet sein kann.

der dünne Hals

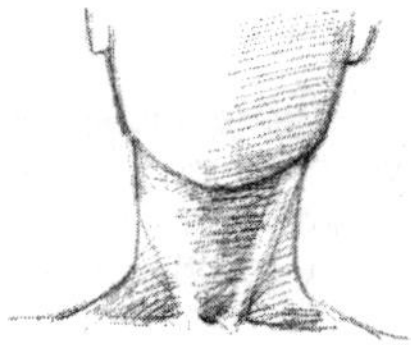

Es besteht die Möglichkeit, dass Menschen mit einem dünnen Hals ein unausgeglichenes Seelenleben führen und dem gemäß nervös wirken. Sie können bereits auf alltägliche Ereignisse sensibel reagieren und haben oft ein empfindliches und verletzliches Wesen.

der kurze Hals

Menschen, die einen kurzen Hals haben, besitzen in der Regel das Normalmaß übersteigende körperliche Kräfte. Im Bewusstsein ihrer physischen Konstitution schreiten sie vielerorts rasch zur Tat, ohne das Wenn und Aber einer Handlung vorher groß zu bedenken.

der breite Hals

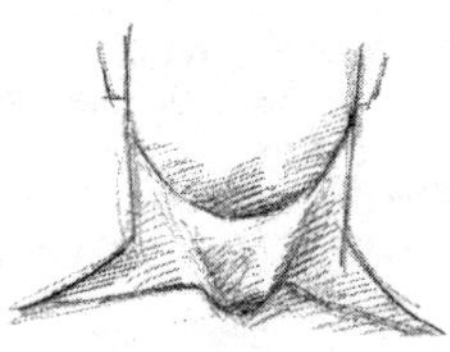

Diesen Hals findet man oft bei Menschen, die sich nur in ständigem und andauerndem Handeln wohl fühlen. Sie zeichnen sich durch rasche Entschlusskraft aus.

Unsere Haare als Antennen zur Außenwelt

lange, glatte Haare

Menschen mit langen, glatten Haaren strahlen Warmherzigkeit aus und vermitteln ein Gefühl der Geborgenheit. Sie gehen an die unterschiedlichsten Lebenssituationen meistens sachlich und überlegt heran.

lange, lockige Haare

Menschen mit langen, lockigen Haaren haben auf der Grundlage eines intensiven Seelenlebens ein gefühlsbetontes Verhaltensmuster, von dem ihr gesamtes Denken und Handeln wesentlich bestimmt wird.

kurze, glatte Haare

Menschen mit kurzen, glatten Haaren strahlen Strenge, Sachlichkeit und Unnahbarkeit aus. Es ist anzunehmen, dass sie sehr ordnungsliebend sind und ihr Leben fast immer in festen Strukturen verläuft. Diese Menschen verkörpern den so genannten „Vernunftmenschen".

kurze, lockige Haare

Kurzes, lockiges Haar lässt Menschen mit einem rationalen Grundgefüge vermuten. Emotionale Regungen sind ihnen dennoch nicht fremd. Sie verkörpern den Typ des „Gefühlsdenkers" und sind in der Lage, intuitiv zu handeln, logisch zu denken und dabei empfindsam zu reagieren.

schwarze Haare

Menschen mit schwarzen Haaren gelten fast immer als leidenschaftlich. Sie haben ein offenes Wesen und können sehr sinnlich sein. Ihre Begeisterungsfähigkeit steigert sich oft in Enthusiasmus. Gelegentlich verfallen sie der Schwärmerei.

braune Haare

Menschen mit dieser Haarfarbe sind temperamentvoll und wirken gelegentlich hyperaktiv. Meistens sind es lustige und schwungvolle Menschen, die in ihrem Denken und Handeln sehr impulsiv vorgehen. Sie haben keine Probleme damit, bezogene Standpunkte durch die Gewinnung neuer Erkenntnisse wieder aufzugeben.

blonde Haare

Diese Haarfarbe gilt als Zeichen für Gefühlstiefe und Empfindsamkeit. Sie kann für gemütvolle und mitunter träumerisch veranlagte Menschen sprechen, die bereit sind, echtes und aufrichtiges Mitleid zu zeigen.

rote Haare

Rothaarige sind in ihrem Denken und Handeln häufig leidenschaftlich. Gelegentlich verhalten sie sich nachtragend und haben eine gewisse Neigung zur Ironie.

der rechte Scheitel

Menschen, die den Scheitel so tragen, sind meistens bestrebt, in der Öffentlichkeit nicht aufzufallen. Sie gelten in ihrem Denken und Handeln oft als zurückhaltend.

der linke Scheitel

Menschen, die den Scheitel so tragen, sind in ihrem Wesen korrekt und höflich. In ihrem Denken und Handeln sind sie glaubwürdig, wobei das Denken gelegentlich schwer zu durchschauende Wege gehen kann.

der Mittelscheitel

Menschen mit einem Mittelscheitel sind in ihren Überlegungen eigenständig. In ihren Handlungen lassen sie sich vorwiegend von Gefühlen leiten.

ohne Scheitel

Menschen ohne Scheitel sind in der Regel unkonventionell und haben eine unkomplizierte Lebensphilosophie.

Die Augenbrauen und ihr bewegtes Dasein

langgezogene, schwungvolle Augenbrauen

Mit diesen Augenbrauen geben sich meistens heitere Menschen zu erkennen. Ihre Fröhlichkeit lässt auf Harmonie und Zufriedenheit mit sich und der Umwelt schließen. Dieser Gleichklang von Körper und Seele legt eine Gelassenheit an den Tag, die auf andere angenehm wirkt.

spärlich gezeichnete Augenbrauen

Wir stehen Menschen gegenüber, die sich nur wenig um die Probleme und Belange anderer kümmern. Aber auch in ihren Bemühungen um sich selbst wirken sie oft leidenschaftslos. Zeigen sich gefühlsmäßige Regungen, geschieht das mitunter im Streit mit anderen.

kräftige Augenbrauen

Sie kennzeichnen häufig leistungsfähige und belastbare Menschen, die in ihrem Denken und Handeln beharrlich und ausdauernd sind. Diese Ausdauer verlässt sie in der Regel auch dann nicht, wenn sie inzwischen an die Grenzen ihres Leistungsvermögens gestoßen sind.

buschige Augenbrauen

Sie sprechen von körperlich wie seelisch widerstandsfähigen Menschen, die sich erfahrungsgemäß durch eine kräftige Konstitution auszeichnen.

waagerechte Augenbrauen

Es sind meistens nachdenkliche Menschen, die solche Augenbrauen haben. Ehe sie handeln, lassen sie sich in ihrer gedanklichen Vorarbeit viel Zeit, beweisen Geduld und sind abwägend.

abfallende Augenbrauen

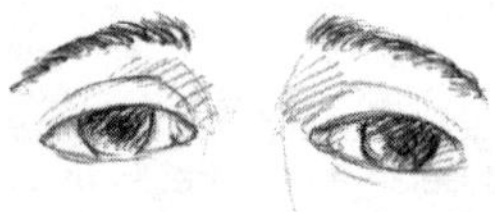

Es sind häufig Menschen mit der Fähigkeit zu spekulativem Denken, die diese Augenbrauen haben. Sie vertrauen mehr auf die Intuition als nur auf das, was menschlicher Erfahrung zugänglich ist.

kurze Augenbrauen

Diese Augenbrauen sprechen von Durchsetzungsvermögen, Entschlusskraft und einem starken Selbstvertrauen. Menschen mit diesen Augenbrauen lassen sich nicht so schnell entmutigen und scheuen in ihren Handlungen keine möglichen Gefahren.

tief sitzende Augenbrauen

Tief sitzende Augenbrauen können für Menschen sprechen, die in ihrem Denken bemerkenswert kreativ sind sowie die Fähigkeit zur geistigen Konzentration besitzen. Diese Augenbrauen können aber auch Menschen kennzeichnen, die in ihrem Grundverhalten melancholisch gestimmt sind.

abgewinkelte Augenbrauen

Diese Augenbrauen können für Menschen mit einer ungebremsten Vitalität typisch sein. Sie sind vielseitig interessiert und lassen keine neue Erfahrung aus.

mehrfach geschwungene Augenbrauen

Mehrfach geschwungene Augenbrauen zeugen in der Regel von Menschen, die in der Auseinandersetzung mit ihrer Umwelt heftig und durchaus unsachlich reagieren können. Das spricht meistens für ihre innere Unruhe und ein seelisches Ungleichgewicht.

hoch gebogene Augenbrauen

Menschen mit diesen Augenbrauen können in ihrem Selbstwertgefühl rasch verletzbar sein. Selbst geringfügigste Spannungen in ihrem persönlichen Umfeld dürften ihre Gemütsverfassung aus dem Gleichgewicht bringen. Diese Menschen sind sehr sensibel und nehmen Hinweise sowie Anmerkungen zu ihrer Person fast ausnahmslos persönlich.

dunkle Augenbrauen

Dunkle Augenbrauen gestatten Rückschlüsse auf geduldige Menschen, die mit ihrem Energiehaushalt sparsam umgehen können. Man wird selten erleben, dass diese Menschen etwas übereilen oder überstürzen. Planlosigkeit, Hast und Hektik sind ihnen fremd.

schwarze Augenbrauen

Es sind meistens leidenschaftliche und temperamentvolle Menschen, die schwarze Augenbrauen haben. Sie erleben sich selbst und ihre Umwelt sehr intensiv.

helle Augenbrauen

Helle Augenbrauen kennzeichnen fast immer den intellektuellen Typ.

rote Augenbrauen

Diese Augenbrauen sprechen oft für sehr ehrgeizige Menschen und ihrer Neigung, sich gerne in den Vordergrund zu spielen.

Nicht nur eine Modefrage – der Bart

der Spitzbart

Sein Träger will Scharfsinn, Weitblick und Kombinationsgabe unterstreichen. Es kommt vor, dass der Spitzbart an Menschen auffällt, die leicht reizbar sind.

der schmale Schnurrbart

Mit diesem Bart möchte sich der „Mann von Welt" zu erkennen geben, der von seiner Ausstrahlung überzeugt ist und vielerorts zur Selbstdarstellung neigt.

der starke Schnurrbart

Mit diesem Bart will jemand bewusst seine Charakterstärken nach außen hin betonen.

der Vollbart

Der Vollbart will als Symbol für Männlichkeit überhaupt verstanden werden. Diese Selbstdarstellung kann jedoch vorhandene Schwächen und Unsicherheiten auf Dauer nicht verschleiern.

der starke Vollbart

Sein Träger will ungehemmte Männlichkeit artikulieren. Er ist unkonventionell, naturverbunden und verbirgt hinter seinem Bart mitunter ein für andere nicht sofort zu erkennendes intensives Seelenleben.

der „Dreitagebart"

Diesen Bart trägt jemand, wenn sich sein Ego vorübergehend jenseits aller Strukturen bewegt. Vielerorts ist hinter diesem Bart auch der Wille zu vermuten, erotisch zu wirken.

Wenn Hände sprechen

oder: „In allen Teilen spiegelt sich das Ganze, da der Teil ein Teil des Ganzen ist. So spiegelt sich der ganze Mensch in der Hand ab, die eine richtige Proportion zum ganzen Menschen hat ..."

(Nikolaus Cusanus)

die athletische Hand

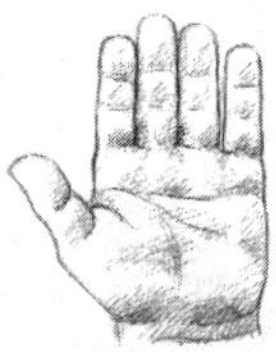

Menschen mit diesen Händen können kräftig zupacken. Sie vermitteln ein Gefühl des Bewusstseins um die eigene Kraft sowie körperliche und seelische Belastbarkeit.

die leptosomische Hand

Diese Hände sprechen von Menschen, denen körperlicher Einsatz nicht leicht fällt. Ihre Stärken liegen meistens im Denken. Hier erweisen sie sich als entschlossen, zielstrebig und ausgesprochen leistungsfähig.

die pyknische hand

Menschen mit diesen Händen haben häufig ein gefühlsbetontes Wesen. Von anderen werden sie meistens als warmherzig, zugänglich und kontaktfreudig erlebt.

Die Finger – Symbolik der Lebenseinstellung

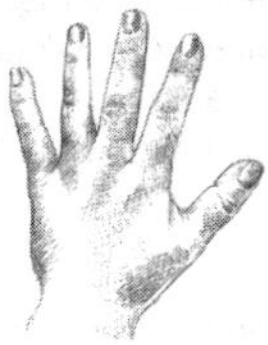

der Daumen

Der Daumen ist das Symbol für Kraft und Stärke; er steht für Dominanz sowie Anpassungsfähigkeit.

der gerade Daumen – Dominanz

der beugsame Daumen – Anpassungsfähigkeit

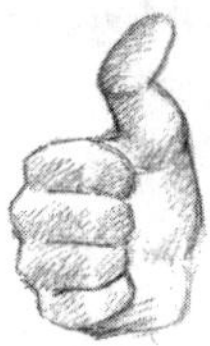

der Zeigefinger

Der Zeigefinger symbolisiert Willenskraft und steht für sachliche Bezüge. In der Handanalyse wird er auch der Jupiterfinger genannt (der Jupiter der römischen Mythologie ist der Zeus der griechischen und damit höchste Gottheit) und repräsentiert das Ego, ein ausgeprägtes Selbstvertrauen und das Gefühl, das eigene Schicksal selbst zu steuern.

der Mittelfinger

Der Mittelfinger steht für das Selbstbewusstsein des Menschen und symbolisiert das eigene Selbstwertgefühl. In der Handanalyse wird der Mittelfinger auch der Saturnfinger genannt (der Saturn oder Saturnus der römischen Mythologie ist der Kronos der griechischen und galt hier als gütiger Erntegott sowie Vater des Zeus) und repräsentiert das Interesse an den Grund- und Sinnfragen des Lebens, an Verantwortung sowie Besitzstreben.

der Ringfinger

Die Analogien zum Ringfinger sind die Gefühle. In der Handanalyse wird er auch der Apollofinger genannt (der Apollo der römischen Mythologie ist der Apollon der griechischen und Gott des Lichtes, der Weissagung, des geistigen Lebens, der Heilkunst und der Künste überhaupt) und repräsentiert den Erfolg, die Kreativität, künstlerische Veranlagungen sowie den Sinn für Glück und Erfüllung.

der kleine Finger

Der kleine Finger hat einen sozialen Aspekt und steht für gesellschaftliche Zugehörigkeit. In der Handanalyse wird er der Merkurfinger genannt (der Merkur oder Mercurius der römischen Mythologie ist der Hermes der griechischen, bekannt als Götterbote und bei den Römern Gott des Handels) und repräsentiert den Geschäfts- und Finanzsinn, die Fähigkeit zu gutem mündlichen und schriftlichen Ausdruck sowie ein ausgeprägtes Interesse an Selbstverwirklichung.

Der Mensch im Spiegel seiner Fingernägel

große und viereckige Fingernägel

Diese Fingernägel sprechen meistens für Menschen, die ein ausgewogenes Gefühlsleben haben. Auf gravierende Veränderungen in ihrem persönlichen Umfeld reagieren sie gelassen und sind so schnell nicht aus der Ruhe zu bringen.

kleine und viereckige Fingernägel

Menschen mit diesen Fingernägeln lassen sich mitunter nur schwer von unkonventionellen Gedanken oder Verhaltensweisen überzeugen. Sie bevorzugen traditionelle Leitbilder und reagieren oft schwerfällig auf Veränderungen, denen sie in der Regel kritisch gegenüberstehen.

rechteckige Fingernägel

Diese meistens nur am Daumen zu findende Nagelform verrät erfahrungsgemäß den leicht reizbaren Menschen.

ovale Fingernägel

Menschen mit diesen Fingernägeln haben ein fast immer freundliches sowie offenes Wesen und sind ausgesprochen kontaktfreudig.

kleine und runde Fingernägel

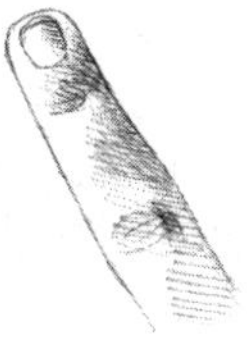

Menschen mit diesen Fingernägeln bevorzugen in ihren Überlegungen weniger die einzelne, unmittelbare Erfahrung. Dafür favorisieren sie ganzheitliches Denken und neigen mitunter zur Spekulation.

dreieckige Fingernägel

Die Form dieser Fingernägel lässt häufig auf Menschen schließen, die sich in einem Dauerzustand der inneren Unruhe befinden, ohne damit größere Schwierigkeiten zu haben.

Füße können mehr als laufen

der elementare Fuß

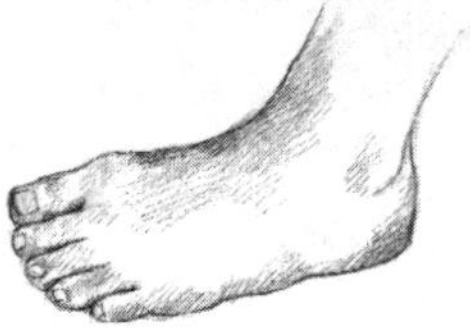

Menschen mit diesen Füßen verfügen über die Gabe, mit ihrem Verstand maßvoll und sehr erfahrungsorientiert umzugehen. In ihren Gefühlsäußerungen sind sie mitunter erfrischend direkt, leider manchmal auch verletzend.

der motorische Fuß

Den motorischen Fuß, der natürlich nicht bildlich dargestellt werden kann, stellen wir häufig an Menschen mit guter körperlicher Konstitution fest. Es handelt sich um kraftvolle Menschen, die es in der Regel verstehen, sich selbstbewusst und engagiert in die unterschiedlichsten Situationen einzubringen.

der athletische Fuß

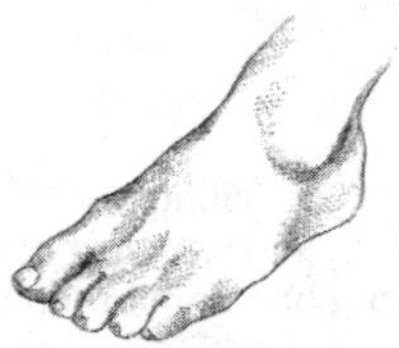

Dieser Fuß spricht vielerorts für Menschen, die entweder vorwiegend schwere körperliche Arbeit verrichten oder hart an sich selbst arbeiten. In ihrem Denken gehen sie überwiegend sachlich und wenig fantasievoll vor.

der motorisch-sensible Fuß

Diese Füße finden wir häufig bei Menschen mit künstlerischen Talenten oder wissenschaftlichen Begabungen.

Unsere Stimme, unsere Handschrift und vieles mehr ...

Unsere Stimme verrät unsere Ängste

die tiefe Stimme

Zum einen ist die tiefe Stimme eine normale Stimmlage. Zum anderen kann sie Grundmuster unseres Charakters widerspiegeln. Sie spricht häufig von Gelassenheit sowie Selbstsicherheit. Diese Stimme klingt gütig, wohlwollend sowie herzlich und damit angenehm.

die hohe Stimme

Die hohe Stimme ist ebenfalls eine normale Stimmlage. Darüber hinaus kann sie sowohl andauernde innere seelische Anspannung als auch dadurch bedingte Unausgeglichenheit sowie Unzufriedenheit zum Ausdruck bringen.

die schrille Stimme

Diese Stimme wirkt unangenehm und will uns auf eine gereizte Befindlichkeit aufmerksam machen, die die unterschiedlichsten Ursachen haben kann. In dieser Stimme schwingen auf jeden Fall Unbehagen an der momentanen Situation, Verbitterung, aber auch Angst und Furcht mit. Eine schrille Stimme kann von Neigungen zu hysterischen Reaktionen sprechen.

die volle, dunkle Stimme

Diese Sprache klingt sympathisch und lässt auf einen warmherzigen, gefühlvollen Menschen schließen. Sie vermag es gleichfalls, andere für sich einzunehmen.

die scharfe, schneidende Stimme

Hinter dieser Stimme verbirgt sich in der Regel die Absicht, die eigene Position unbedingt zu stärken und beizubehalten. Sie zielt bewusst auf Distanz und will die Überzeugung von persönlicher Dominanz unterstreichen.

Unsere Sprache erzählt über unseren Charakter

die klare Aussprache

Hier kann man sich des Eindrucks nicht erwehren, dass man weiß, wovon gesprochen wird. Wort und Gedanken bilden eine Einheit. Sie klingt sachlich, unterdrückt damit aber keineswegs emotionale Regungen, mit denen man umzugehen versteht. Die klare Aussprache offenbart Selbstbeherrschung und ein ausgeprägtes Selbstwertgefühl, das sich anderen auf jeden Fall mitteilen will.

die undeutliche Aussprache

Häufig will eine undeutliche Aussprache Unklarheiten im Denken verbergen. Hier sind Überlegungen noch nicht zu Ende gebracht oder eindeutige Festlegungen nicht getroffen. Diese Aussprache spiegelt damit häufig fehlende Entscheidungsfähigkeit sowie eigene Unsicherheiten wider.

die lebhafte Sprache

In dieser Sprache zeigen sich Begeisterung und Begeisterungsfähigkeit. Diese Sprache will mitreißen. Sie macht deutlich, dass das Gesagte auch wirklich empfunden wird. Sie klingt überzeugend und, wenn sie sich nicht übertrieben theatralisch darstellt, ehrlich.

die monotone Sprache

Das ist die Sprache der übertriebenen Sachlichkeit, die infolge fehlender innerer Beteiligung am Gesagten auf andere einschläfernd wirken kann.

die langsame Sprache

Dieses Sprachtempo wirkt bedächtig, aber nicht langweilig. Es resultiert aus dem Gleichschritt von Denken und Sprechen. Hier wird gewollt, dass man zuhört.

die schnelle Sprache

Hier wird die Tatsache deutlich, dass schneller gesprochen als gedacht wird. Es teilen sich geistige Regsamkeit, gedankliche Breite sowie Vielfalt mit.

die hastige Sprache

Diese Sprache wirkt sehr unruhig und vermittelt offensichtliche innere Erregtheit. Die seelische Beteiligung am Geschehen ist so stark, dass es schwer fällt, sich anderen mitzuteilen.

Der Mensch und seine Handschrift

Graphologie ist die Wissenschaft von der Deutung der Handschrift als Ausdruck des Charakters. Handschriftendeutung kann uns also Kenntnisse über die jeweiligen menschlichen Charaktere verschaffen, uns helfen, sie besser zu verstehen. Schon der Philosoph und Universalgelehrte Gottfried Wilhelm Leibniz (1646–1716) vertrat die Meinung, dass insbesondere die Handschrift eines Menschen seine Gemütsart offenbaren könne.

Johann Wolfgang von Goethe (1749–1832) besaß eine umfängliche Handschriftensammlung und war stolz, sie anderen zeigen zu können und sie an seinen Deutungen Teil haben zu lassen.

Sprechen wir heute von Graphologie, fällt meistens der Philosoph und Psychologe Ludwig Klages (1872–1956) ein. Er gilt als der eigentliche Begründer der Graphologie, die im engsten Zusammenhang mit seiner Ausdruckspsychologie steht.

Für Klages stand fest, dass man bei der Betrachtung eines Menschen von seiner Gestalt auszugehen und von hier aus nach ihrem seelischen Gehalt zu fragen habe, d. h., der Leib ist die Erscheinung der Seele und diese wiederum der Sinn des lebendigen Geistes.

Die wohl wichtigste Veröffentlichung Klages' zur Graphologie ist das 1917 erstmals erschienene Buch „Handschrift und Charakter". Vielleicht werden Sie sich aber überhaupt fragen, was die Handschrift eines Menschen mit seinem Charakter, wie Klages behauptet, zu tun habe.

Die Graphologie begegnet einer Vielzahl von Einwänden und muss sich vielerorts den Vorwurf gefallen lassen, sie sei alles andere als eine seriöse Angelegenheit, ja, sie sei etwas Fragwürdiges und gehöre zum Handwerkszeug von Scharlatanen. Gehört sie nicht: Jeder ernst zu nehmende Graphologe wird sich weigern, anhand eines Schriftbildes Aussagen über die Zukunft eines Menschen zu treffen. Graphologische Gutachten sind z. B. auch heute noch in der modernen Kriminalistik anerkannte Hilfsmittel, um bislang unentdeckte Straftäter zu überführen.

Unbewusst übrigens haben Sie sich in Ihrem Leben schon „graphologisch betätigt". Im Zusammenhang mit Stellenausschreibungen beispielsweise taucht häufig der Vermerk auf, den Bewerbungsunterlagen einen handschriftlich formulierten Lebenslauf beizufügen.

Was machen Sie? Sie geben sich besonders viel Mühe und schreiben „schön". Warum machen Sie das? Sie vermuten zu Recht und ohne es auszusprechen, dass da jemand ist, der auch „in" Ihrer Schrift zu lesen vermag, und wollen eine Vielzahl Ihrer charakterlichen Eigenschaften hinter einer schönen Schrift verbergen. Indirekt geben Sie also zu, dass Sie einen Zusammenhang zwischen Ihrem Schriftbild und Ihrem Charakter, Ihrer Persönlichkeit sehen. Warum sonst würden Sie sich hier verstellen?

Das übrigens unterscheidet Sie dann vom Graphologen, der diesen Zusammenhang direkt sieht und behauptet. Es ist dann auch der Graphologe, der bemerken wird, dass Sie in Ihrem Lebenslauf bewusst „schön" geschrieben haben.

In der heutigen modernen Graphologie wird nicht mehr einfach von einem einzelnen Schriftzeichen auf die Eigenschaften eines Menschen geschlossen. Vielmehr ist man bemüht, vom Ganzen der Schrift eines Menschen auf sein Wesen, seinen Charakter zu schließen. Schließlich hat jede Handschrift etwas Einmaliges an sich. Die folgenden Beispiele und ihre Deutungen sollen Ihnen helfen, diese Zusammenhänge besser zu erkennen.

Seitenrand links: unregelmäßig

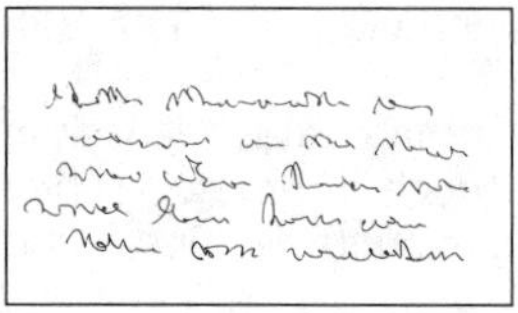

Die unregelmäßige Gestaltung des linken Seitenrandes kann Ausdruck der eigenen inneren Unsicherheit sein. Mangelnde Selbstdisziplin bringt sich so ebenfalls zum Ausdruck. Wer so schreibt, hält es erfahrungsgemäß selbst mit einer gewissen Grundordnung nicht ganz so genau. Gleichzeitig spricht diese Schreibweise von der Fähigkeit zu einer unkonventionellen sowie vorurteilsfreien Lebensweise.

Seitenrand links: breit

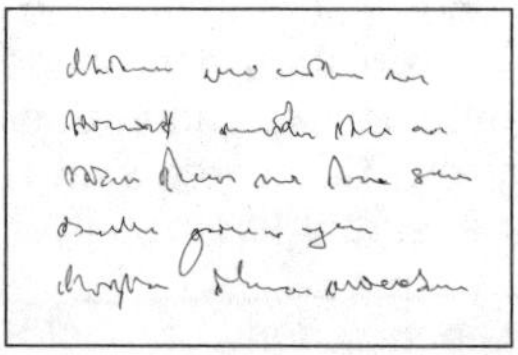

Ein breit gehaltener linker Seitenrand lässt einen Schreiber vermuten, dem generell eine großzügige Lebensweise eigen ist und der sich anderen gegenüber als sehr geduldig sowie hilfsbereit erweist. Das geschieht uneigennützig, Gegenleistungen werden nicht erwartet.

Seitenrand links: nach unten breiter werdend

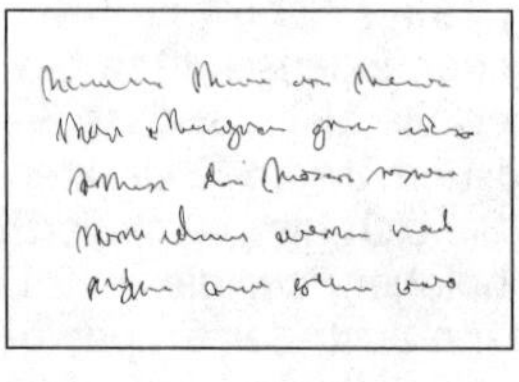

Wer so schreibt, überlegt in der Regel nicht lange, ehe er handelt. Was anderen als Unbesonnenheit erscheint, ist meistens ein innerer Drang zu freier und ungezwungener Selbstentfaltung. Oft steht das Gefühl am Anfang einer Handlung, die damit natürlich manchmal ungewollte Resultate zeigt.

Seitenrand links: nach unten schmaler werdend

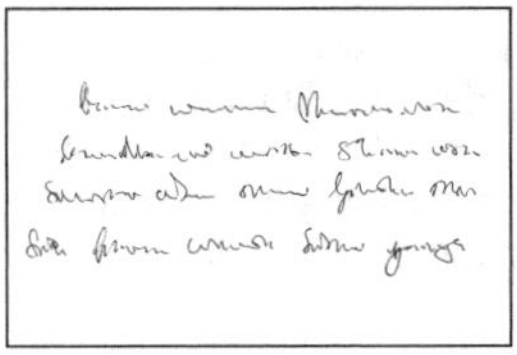

Der sich so darbietende Rand einer beschriebenen Seite spricht für eine zunächst optimistisch ausgerichtete Lebensphilosophie, die dann häufig nicht durchgehalten wird. Die Ursachen hierfür können verschieden sein. Meistens liegt es daran, dass sich urplötzlich vorher nicht gehabte Bedenken anmelden, die in ihrer Dichte aus dem einstigen Optimisten zumindest einen Zweifler werden lassen.

Seitenrand links: schmal

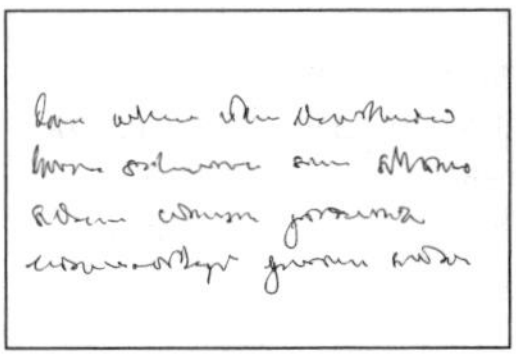

Wenn aus natürlicher Skepsis und einem gesunden Misstrauen schon bald ein krankhaftes wird, lässt das auf unverarbeitete Konflikte sowie eine Vielzahl schwerer Enttäuschungen schließen. Dieses Schriftbild spricht häufig für diese Tatsachen. Es ist damit zu rechnen, dass der, der so schreibt, in seinem Denken und Handeln äußerste Vorsicht an den Tag legen wird und sich häufig schwer damit tut, Gefühle zu erwidern.

Seitenrand rechts: schmal

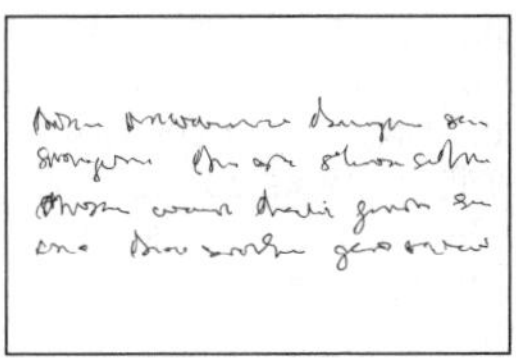

So offenbart sich im Schriftbild, wenngleich auch unbewusst, eine starke Bezogenheit auf das eigene Ego. Das übersteigerte Selbstwertgefühl kann sich sowohl in einem lebhaften Unabhängigkeitsbedürfnis zeigen als auch zu Rechthaberei, Überheblichkeit und Eitelkeit führen.

Seitenrand rechts: breit

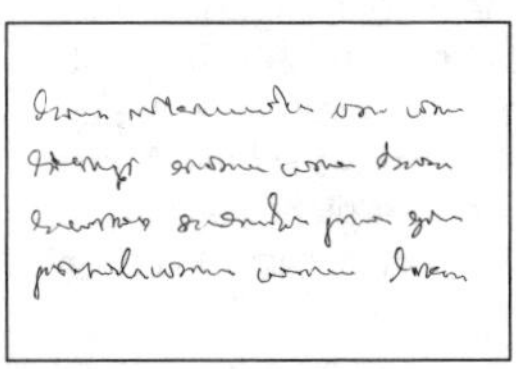

Hier artikuliert sich Gehemmtheit, die ihre Ursache fast immer in Minderwertigkeitsgefühlen hat. Sie zeigt sich oft in hilflos wirkenden Bemühungen um die Anerkennung des eigenen Selbstwertgefühls durch andere.

Seitenrand rechts: unregelmäßig

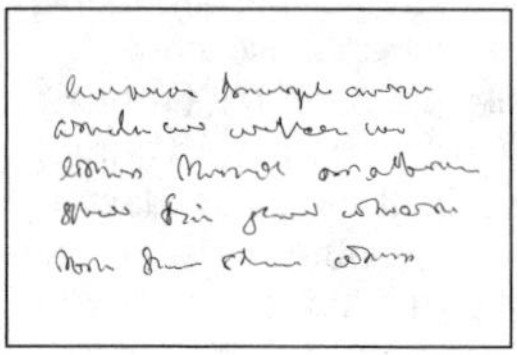

So schreibt häufig jemand, der sich für seine geplanten Handlungen gedanklich Spielräume vorgibt, die dann nicht ausgefüllt werden können. So kommt Überfordertsein zum Ausdruck, das auf zeitweilige Verunsicherungen des Schreibers schließen lässt.

Seitenrand rechts: nach unten breiter werdend

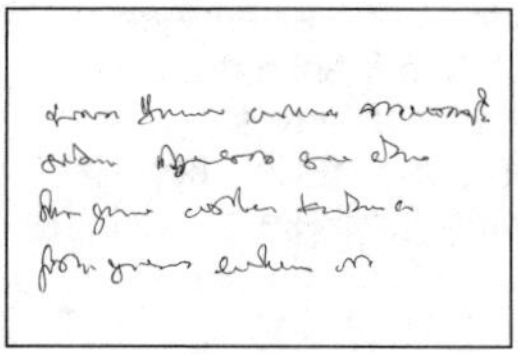

Über dieses Schriftbild teilt sich meistens Ängstlichkeit mit, die in die unterschiedlichsten Richtungen geht. Sie hat ihre Ursache in Selbstzweifeln und äußert sich in auffallender Zurückhaltung.

Seitenrand rechts: nach unten schmaler werdend

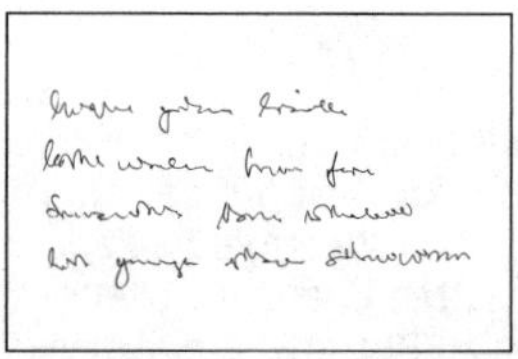

Wer seine Zeilen so anordnet, verfügt in der Regel über Weit- und Durchblick sowie ein logisches Denkvermögen. Hier artikuliert sich ein selbstständiges Urteilsvermögen. Das Problem des Schreibers besteht häufig darin, für die Umsetzung des Gedachten nicht die nötige Willensstärke zur Seite zu haben. Es ist der Typ des Vordenkers, der auf die Unterstützung und Hilfe anderer angewiesen ist.

Seitenrand oben: breit

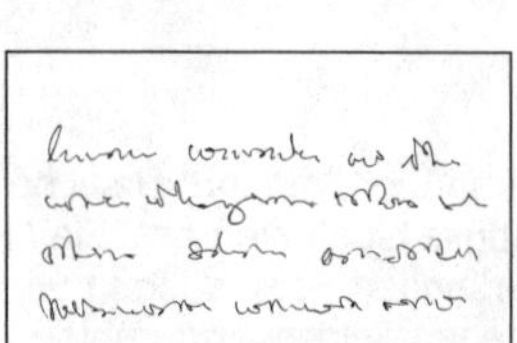

Hier schreibt ganz offensichtlich jemand, der in seinem Denken und Handeln sehr zögerlich vorgeht und für seine Entschlüsse viel Zeit braucht. Sind sie einmal getroffen, bezeugen sie Kompetenz. Dennoch lassen sich gewisse Schwierigkeiten in ihrer Übermittlung an andere nicht verbergen, obwohl der Schreiber selbst vermutete Unsicherheiten nicht nötig hat.

Seitenrand oben: schmal

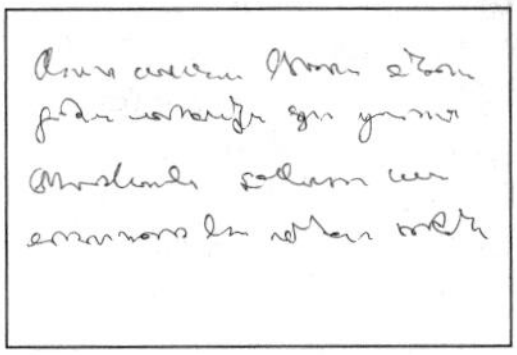

Dieser Anblick lässt zunächst den Eindruck entstehen, als sei hier etwas rasch und unüberlegt zu Papier gebracht. Häufig steht jedoch zu vermuten, dass hier jemand befürchtet, seine Gedankenfülle aus dem Auge zu verlieren. So offenbart sich meistens geistige Kreativität.

Seitenrand unten: schmal

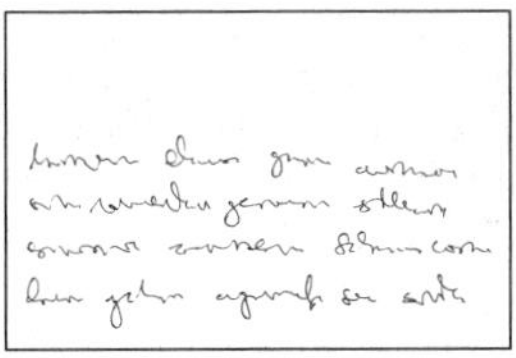

Dieser Schreiber berücksichtigt in seinen Betrachtungen fast immer das Verhältnis von Nutzen und Aufwand anstehender Handlungen. Es dürfte sich um einen vorwiegend praktisch und nüchtern denkenden Menschen handeln, der erfolgs- und sachorientiert ist.

Seitenrand unten: breit

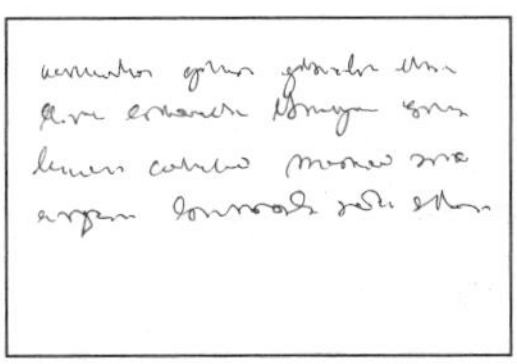

Hier zeigt sich in der Regel eine Lebenseinstellung, die im Heute zu Hause ist und sich um das Morgen keine großen Gedanken macht. Aus Angst, etwas zu versäumen, genießt jemand, der so schreibt, das Leben in vollen Zügen.

Seitenrand unten: nicht vorhanden

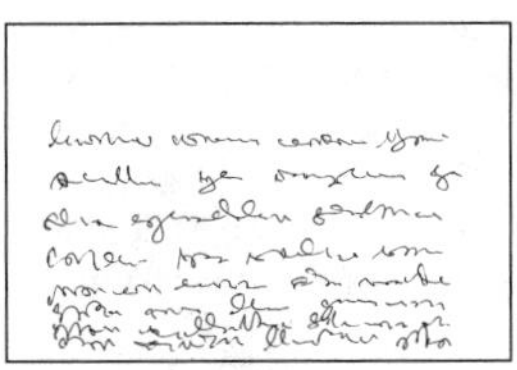

Es steht zu vermuten, dass hier jemand geschrieben hat, dem ein gewisses Gefühl für Ordnung abgeht. Diese Formschwäche kann unter Umständen inhaltsreiches Denken verbergen.

die übermäßig große Schrift

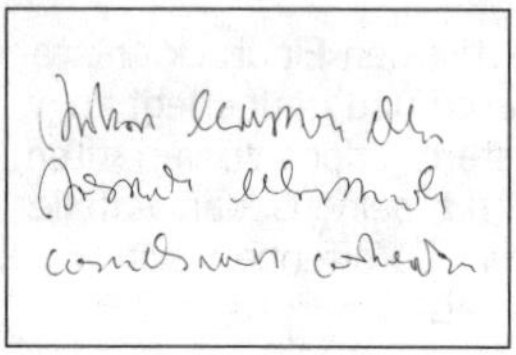

Hier zeigt sich Selbstbewusstsein, -vertrauen sowie -wertgefühl. Das alles hat keine Überspanntheit zum Hintergrund, sondern steht in Übereinstimmung mit einem ausgeprägten Wirklichkeitssinn. Zu sichtbaren Gefühlsäußerungen wird es bei diesem Schreiber in der Regel dann kommen, wenn das eigene Unabhängigkeitsbedürfnis eingeschränkt oder in Frage gestellt wird.

die große Schrift

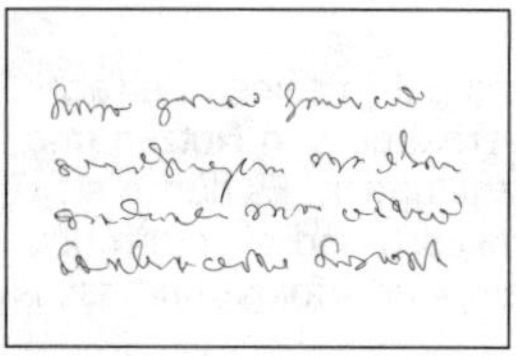

So schreibt der Gefühlsmensch, der über große seelische Reichtümer verfügt. Die gedankliche Erfassung des eigenen Ichs, der Mitmenschen und der Umwelt wird logisch- sachliche Überlegungen meistens ausklammern und hier ihren Anfang nehmen. Das lässt natürlich auf gewisse Stimmungsabhängigkeiten und Spontaneität im Handeln schließen.

die kleine Schrift

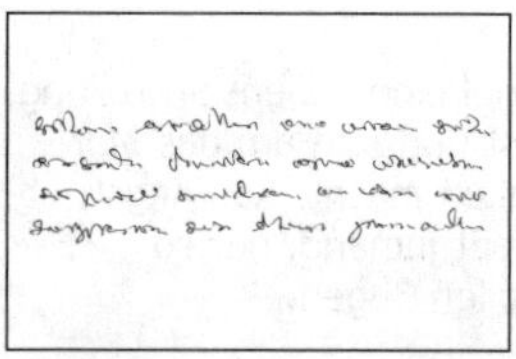

Meistens handelt es sich hier um die Schrift der Sachlichkeit, die ein nüchternes Denken zum Hintergrund hat. Sie will in der Regel Fakten oder Denkergebnisse mitteilen und davon so viel wie möglich. Diese Schrift bezeugt Selbstdisziplin.

die flache Schrift

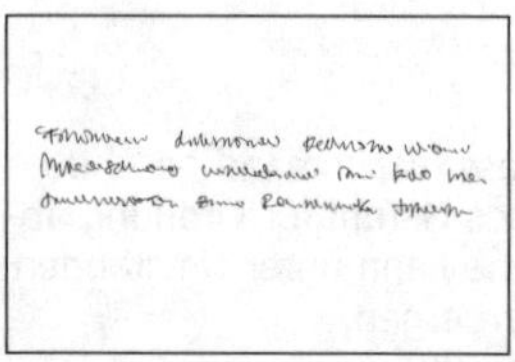

So schreibt jemand, der in der Regel mit sich und der Welt zufrieden ist, wobei diese Haltung ihre Unterstützung in einer auffallenden Bedürfnislosigkeit findet. Diese Schrift kann weiterhin davon sprechen, dass aus dieser Zufriedenheit heraus Veränderungen im eigenen Leben nicht angestrebt werden. Kontakte zu den Mitmenschen werden kaum gepflegt.

die auseinander gezogene Schrift

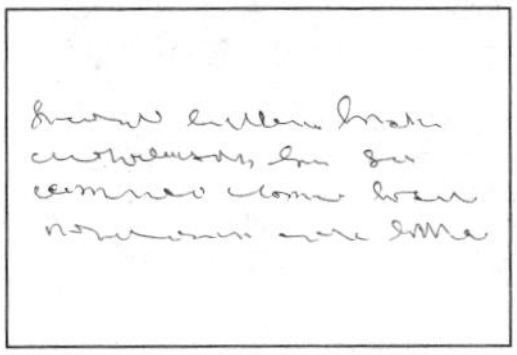

Über diese Schrift gibt sich ein willensstarker Mensch zu erkennen, der über eine schwer zu bremsende Durchsetzungskraft verfügt. Oft bezeugt diese Schrift die Tatsache, dass ihr Urheber in seinem Denken und Handeln bis an die Grenze der physischen und psychischen Belastbarkeit zu gehen vermag. Er besitzt eine positive Einstellung zum Leben und wird als konsequent empfunden.

die zusammen gezogene Schrift

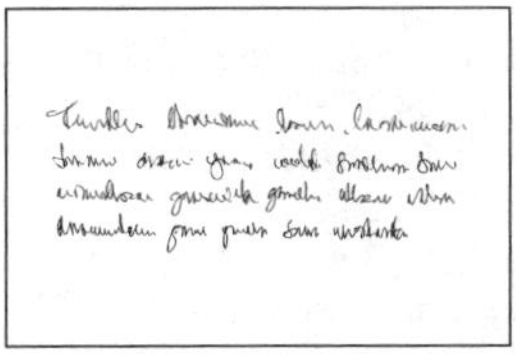

So kann jemand schreiben, der trotz manchmal fehlenden Selbstvertrauens die Kraft besitzt, den eigenen Schatten zu überspringen. Ist das erst einmal geschehen, werden Zielstrebigkeit und das Bemühen zu bemerken sein, auch erfolgreich zu handeln. Ein Rest Skepsis wird immer bleiben.

die schwache Schrift

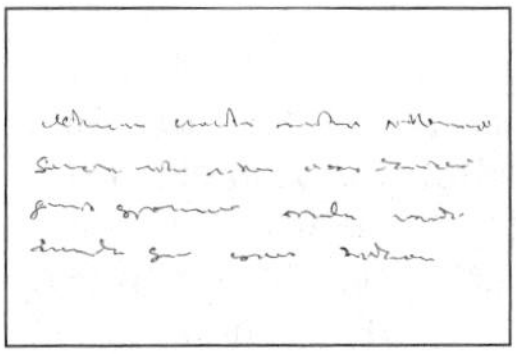

Mit dieser Schrift gibt sich meistens jemand zu erkennen, der sich nur ungern für etwas entscheiden sowie in seinem Denken und Handeln nur schwer festlegen kann. Das bringt ein ausgesprochenes Mitgefühl für die Probleme anderer mit sich. Allerdings äußerst es sich in der Regel wertneutral.

die starke Schrift

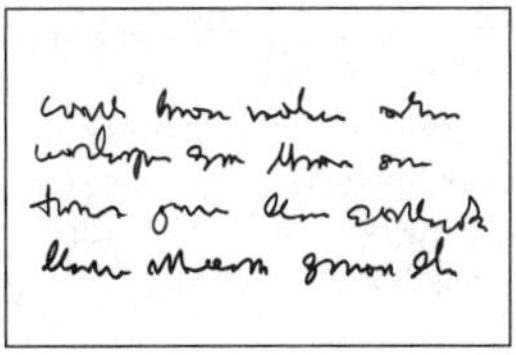

Ist jemand gewillt, große Anstrengungen sowie Entbehrungen auf sich zu nehmen, schreibt er meistens auch so. Das lässt auf Unbeirrbarkeit im Denken und Konsequenz im Handeln schließen.

die unregelmäßige Schrift

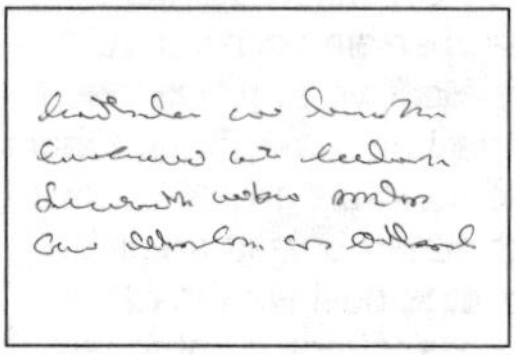

Über dieser Schrift gibt sich mitunter eine angespannte Empfindsamkeit zu erkennen. Damit besteht nicht die Gefahr, aus dem seelischen Gleichgewicht zu geraten. Wer unregelmäßig schreibt, ist in der Regel sehr empfänglich für sinnliche Eindrücke und kann andere begeistern sowie mitreißen.

die waagerechte Schrift

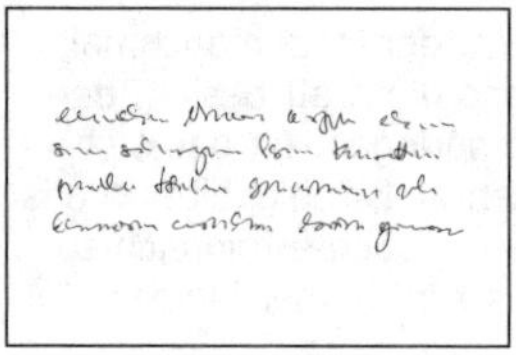

Meistens ist es geistige Regsamkeit, die sich in dieser Schrift zu erkennen gibt. Sie spricht für Leistungsbereitschaft, die keine Hektik kennt und gelassen wirkt. Für erbrachte Leistungen wird etwas erwartet, denn diese Schrift artikuliert auch Lebens- und Genussfreude, die erfüllt werden will.

die nach rechts ansteigende Schrift

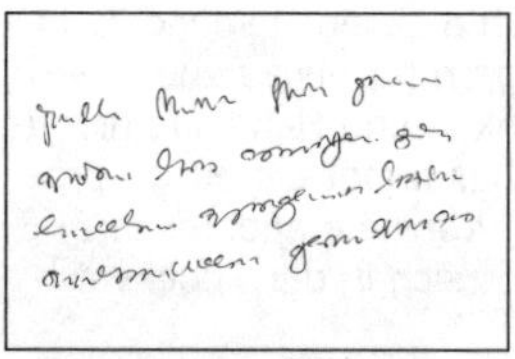

Diese Schrift spricht meistens für eine Lebenshaltung, die bestrebt ist, in anderen immer das Gute zu sehen und deshalb vertrauensvoll in die Zukunft blickt. Handlungen vollziehen sich meistens aus diesem Idealismus heraus und bezeugen eine ausgeprägte emotionale Beteiligung an ihnen.

die nach links abfallende Schrift

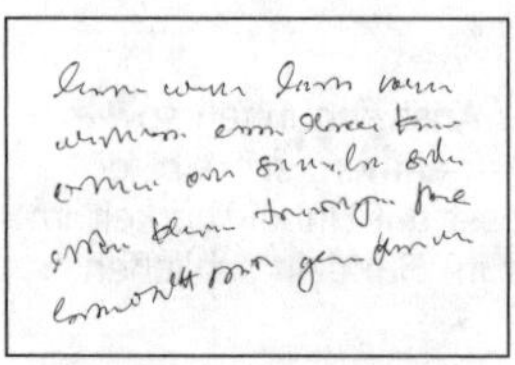

Fühlt sich jemand in seinem eigenen Selbstwertgefühl beeinträchtigt oder ist unzufrieden, wird er häufig so schreiben, dass die einzelnen Wörter nach links abfallen. Geraten diese negativen seelischen Befindlichkeiten außer Kontrolle, kann dieses Schriftbild zum Ausdruck von Unsachlichkeit werden.

die steile Schrift

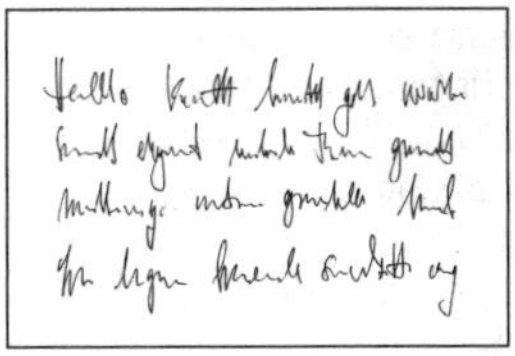

Wenn der Verstand das Gefühl beherrscht und vereinnahmt, wird meistens so geschrieben. Erfahrungsgemäß spricht diese Schrift dann von Übersicht, Klarheit und Nüchternheit im Denken. Nur in Ausnahmefällen wird es bei diesem Schreiber zu unüberlegten Handlungen kommen. Darüber hinaus beherrscht er in der Regel die Kunst, Wesentliches von Unwesentlichem zu unterscheiden.

die linkslastige Schrift

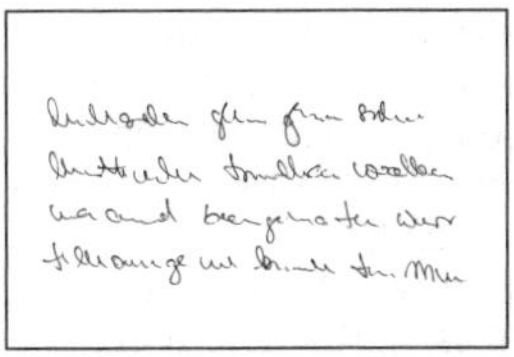

Diese Schrift spricht bei vordergründiger Betrachtung für eine ausgeprägte Ich-Bezogenheit und ein hohes Selbstwertgefühl, die sich bei näherer Betrachtung oft als Schutzmantel für innere Widersprüchlichkeiten und Hemmungen entpuppen. Das bedingt dann auch, dass getroffene Entscheidungen nicht auf Dauer gültig sind. Wer so schreibt, ist oft unzuverlässig.

die rechtslastige Schrift

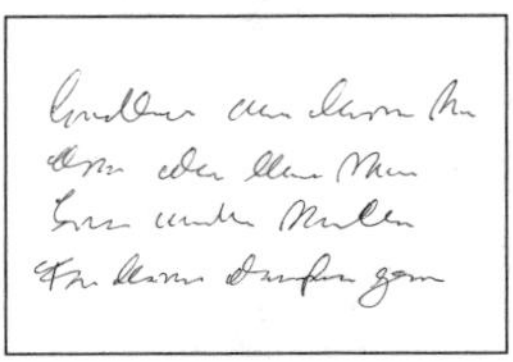

So bringen sich häufig Anpassungsfähigkeit und -bereitschaft zu Papier. Das will kein passives Geformtwerden durch die Umwelt bedeuten, sondern die Absicht bekunden, sie mit zu verändern und zu gestalten. Es kann auf Aufgeschlossenheit und ein nicht unbeträchtliches Hingabevermögen geschlossen werden.

die Schrift in „Winkeln"

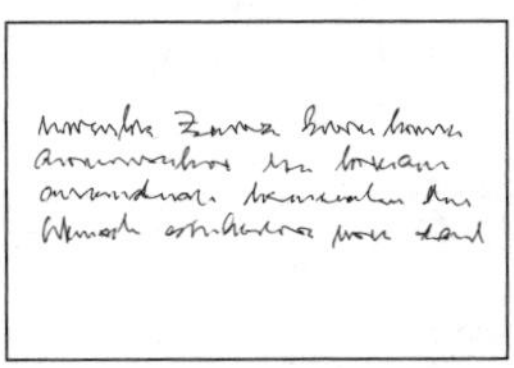

Wer so schreibt, ist meistens wenig kompromissbereit und hat so häufig Anpassungsschwierigkeiten. Das sind Folgen eines starken Willens zur Selbstbehauptung und der unbedingten Aufrechterhaltung eines Selbstwertgefühls, das keinerlei Beeinträchtigung gestattet.

die Schrift in „Arkaden"

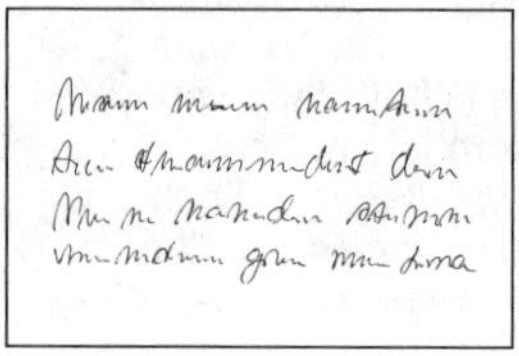

Es steht zu erwarten, dass diese Schrift für jemanden spricht, der bemüht ist, sein Inneres vor anderen verborgen zu halten. Sie gibt Verschlossenheit und fehlende Mitteilungsbereitschaft zu erkennen. Wer so schreibt, ist meistens sehr zurückhaltend und mitunter nicht ehrlich in dem, was er schreibt oder sagt.

die Schrift in „Girlanden"

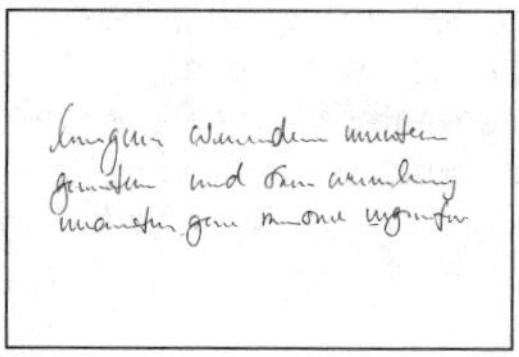

Schreibt jemand so, ist anzunehmen, dass er unter allen Umständen bemüht ist, ohne größere Schwierigkeiten durchs Leben zu kommen und Konflikte zu vermeiden. Auffallend ist das ständige Bemühen, es allen unter allen Umständen recht zu machen, was mitunter zu Beschädigungen des eigenen Ich und seinem Selbstwertgefühl führen kann.

Die Astrologie und unsere Tierkreiszeichen

Die Beschäftigung des Menschen mit dem Zusammenhang zwischen Ereignissen auf der Erde und den Positionen und Bewegungen der Himmelskörper (Astrologie) ist uralt. Bereits vor 5000 Jahren schufen die Chaldäer in Babylonien, dem heutigen Irak, eines der ersten überlieferten astrologischen Systeme. Seit 4000 Jahren stellt man in China astrologische Überlegungen an. Im alten Indien und bei den Maya in Mittelamerika gehörte Astrologie zum Alltag. Gemeinsam ist all diesen Systemen, dass zu erklären versucht wurde, wie die Bewegungen der Planeten die unterschiedlichsten Aspekte des menschlichen Lebens symbolisieren.

Die Astrologie kam, gemessen an ihrem Alter, erst spät zu uns und zwar zunächst nach Griechenland. Wir wissen heute, dass sich Platon (427–347 v. Chr.) und Pythagoras (um 570 v. Chr.) mit Astrologie beschäftigten. Das ganze Mittelalter hindurch wurde Astrologie in Europa praktiziert. Albrecht Wenzel von Wallenstein (1583–1634), einer der berühmtesten Feldherren des Dreißigjährigen Krieges, ließ sich vom wohl bekanntesten Astronomen seiner Zeit, Johannes Kepler (1571–1630), die Sternzeichen deuten.

Kepler, wie viele andere Astronomen seiner und vorangegangener Zeiten, empfand nichts dabei, seine Wissenschaft mit Astronomie zusammenzuführen (kausales und analoges Denken!). Dem ist heute nicht mehr so. Ungeachtet dessen beschäftigen sich Millionen Menschen nach wie vor mit Astrologie oder praktizieren sie.

21. März bis 20. April – Widder

Sind Sie im Tierkreiszeichen Widder geboren, verfügen Sie über einen starken Willen. Er zeigt sich als Durchhaltekraft und Standvermögen, Tatkraft, Durchsetzungsvermögen sowie Entschlussfreude und Selbstbehauptung und verleiht Ihrem Denken und Handeln das eigentliche Profil.

Die Summe dieser Eigenschaften führt Sie manchmal bis an die Grenzen der physischen und psychischen Belastbarkeit und somit zu Höchstleistungen. Diese allein bestimmen jedoch nicht Ihr Leben. Erreichen Sie ein Ziel nicht sofort und in der angegebenen Weise, erlischt Ihr Interesse an seiner weiteren Verfolgung und Sie geben auf. Diese Aufgabe bedeutet keinesfalls Selbstaufgabe. Niederlagen und Rückschläge können Sie verkraften. Vielmehr werden Sie sich kurz entschlossen und spontan neuen Aufgaben zuwenden. Meistens gelingt das auch, weil Sie über Weitsicht und ein selbstständiges Urteilsvermögen verfügen und in der Lage sind, Zeichen der Zeit sofort zu verstehen und dem gemäß zu handeln. In Ihrem Falle geschieht das in der Regel allein.

Einmal davon abgesehen, dass Sie große Schwierigkeiten haben, sich unterzuordnen oder Anweisungen zu befolgen, sehen Sie Ihren großen

Drang zur Selbstverwirklichung genau dann gefährdet, wenn Sie auf andere Menschen Rücksicht nehmen müssen. Um dem zu entgehen, sind Sie gern auf sich alleine gestellt und lehnen hier Veränderungen ab.

Lassen sich Veränderungen nicht vermeiden, können Sie mitunter sehr offensiv, heftig und äußerst ungeduldig reagieren. Solange Ihre Eigenständigkeit genügend Spielraum hat, sind Sie ein angenehmer Mitmensch, umgänglich und unkompliziert.

21. April bis 20. Mai – Stier

Sind Sie im Tierkreiszeichen Stier geboren, gehören Beharrlichkeit und Ausdauer zu Ihren herausragenden Eigenschaften. Beide bestimmen entscheidend Ihre gesamte Lebensführung.

Für andere werden Sie in Ihrem Denken und Handeln stets ruhig und bedächtig erscheinen. Was auch immer Sie sich vornehmen oder aufgetragen bekommen, Sie widmen sich ihm mit bewundernswerter Geduld und Ausdauer, die von Ihren Mitmenschen als Hartnäckigkeit aufgefasst werden kann. Sie verkennen hierbei, dass Sie ausgesprochen zielstrebig und entschlossen sind sowie entschieden Problemlösungen herbeiführen wollen. Das gilt vor allem dann, wenn andere bereits resignierend aufgegeben haben.

Auffallend hierbei ist, dass Sie in Ihrem Denken und Handeln weniger für neue Entwicklungen oder Veränderungen anfällig sind, sondern vielmehr auf Altbewährtes vertrauen. Das gilt auch für Ihr Werteverständnis. Sie werden sich kaum an Zeitströmungen, vorübergehenden Moden und Trends orientieren. Sie sind im positiven Sinne konservativ und verlassen sich auf bewährte Werte. In dieser Beziehung legen Sie eine ausgeprägte Unbeugsamkeit und Standhaftigkeit an den Tag.

Übrigens trifft das auch für Ihre Entscheidungsfindung zu. Hier nehmen Sie sich Zeit, bis Sie sich zu etwas entschlossen haben. Andere können dann jedoch zu Recht davon ausgehen, dass Sie bei einem einmal gefassten Entschluss bleiben. Gerade in dieser Beziehung sind Sie sehr verlässlich und vertrauenswürdig. Ihre Familie, Ihr Freundes- und Bekanntenkreis wissen das zu schätzen, zumal sich Ihr persönliches und soziales Kontaktbedürfnis vorzugsweise auf dieses Umfeld beschränken. Hier fühlen Sie sich zu Hause.

21. Mai bis 21. Juni – Zwillinge

Jeder muss sich an die Umwelt, in die er hineingestellt ist, anpassen, um seinem Leben einen Sinn zu geben. Dem einen gelingt das mehr, dem anderen weniger. Sind Sie im Tierkreiszeichen Zwillinge geboren, stehen die Chancen, dass Sie ein sinnvolles und erfülltes Leben führen, gut, denn Sie sind sehr anpassungsfähig.

In jedem Fall wird Ihnen das die Lebensbewältigung erleichtern. Es hat auch nichts mit Rückgratlosigkeit zu tun: Anpassungsfähigkeit spricht in

Ihrem Falle für ein offenes und unvoreingenommenes Wesen. Veränderungen, Wandlungen, Einschnitten in Ihrem Leben treten Sie aufgeschlossen gegenüber. Ihre intellektuelle Flexibilität und geistigen Fähigkeiten erlauben es Ihnen, rasch und ohne großen Aufenthalt auf alle neuen Gegebenheiten in Ihrem Lebensbereich zu reagieren und sie zu verarbeiten. Das geschieht ohne Stress und Hektik und hängt damit zusammen, dass Sie im Grunde Ihres Herzens fehlende Abwechslung überhaupt nicht leiden können. Routine werden Sie als langweilig und wenig motivierend empfinden. Mit Ihren Handlungen können Sie sich erst dann identifizieren, wenn sie nicht in festgefahrenen Bahnen verlaufen.

Das macht Sie zwar für andere manchmal unberechenbar, gehört aber zu Ihrem Wesen und erschwert hier und da die Umsetzung Ihres intensiven Kontaktbedürfnisses. Nur in einem großen menschlichen Umfeld fühlen Sie sich so richtig wohl, weil Sie sich gerne austauschen, kommunizieren und äußerst empfänglich für die Ansichten Ihrer Mitmenschen sind.

Es kann vorkommen, dass Sie angesichts der Vielfalt Ihrer Interessen und unterschiedlichsten intellektuellen wie praktischen Begabungen den berühmten roten Faden verlieren.

22. Juni bis 22. Juli – Krebs

Sind Sie im Tierkreiszeichen Krebs geboren, verfügen Sie über ein reiches und tiefes Seelenleben. In Ihrem Denken und Handeln werden Sie sich immer vorrangig von Ihren Gefühlen leiten lassen. Sie fühlen sich erst dann richtig wohl und zu Hause, wenn auch das emotionale Umfeld stimmt.

Das will nicht heißen, dass Sie übermäßig sensibel sind, vielmehr geht es darum, dass Sie ein feines Gespür nicht nur für die eigene seelische Befindlichkeit, sondern auch für die anderer haben. Bemerken Sie hier Unstimmigkeiten und aus dem Gleichgewicht geratene Gefühlslagen, zeigen Sie sich einfühlsam und äußerst hilfsbereit. Ja, an dieser Stelle entwickeln Sie geradezu ein bewundernswertes Verantwortungsgefühl für andere. Sie gehen großzügig mit Ihrem Mitgefühl um und zeigen in Ihren Handlungen starkes Engagement. Damit geben Sie anderen eigentlich nur das, was Sie sich selber wünschen und für Sie unbedingt wichtig ist: emotionale Geborgenheit.

Daher kann es nicht verwundern, wenn sich andere mit Problemen und in seelischen Nöten vorzugsweise an Sie wenden werden. Das Gefühl, gebraucht zu werden, tut Ihnen gut. Kommt es darauf an, Entscheidungen zu treffen, bemühen Sie weniger Ihren Verstand und verlassen sich auf Ihre intuitiven Fähigkeiten. Sie sind fantasievoll, haben oft eine idealistische Grundhaltung und ein feines Gespür für Ungerechtigkeit. Ihr Umgang mit anderen ist herzlich.

23. Juli bis 23. August – Löwe

Sollten Sie in diesem Tierkreiszeichen geboren sein, ist fast immer eines gewiss: Sie verfügen über ein natürlich gehobenes Selbstwertgefühl. Sie sind ständig bestrebt, Ihre Selbstverwirklichung unter allen Umständen zu garantieren und gelten als starke und energische Persönlichkeit.

Das wirkt auf andere gelegentlich befremdlich, hat aber seine Ursachen in Ihrer ausgeglichenen und stabilen Gefühlslage. Diese setzen Sie bei anderen ebenfalls voraus, sind kurzzeitig verwundert, wenn dem nicht so ist, können sich dann aber schwer in die seelische Befindlichkeit anderer hineinversetzen.

Überhaupt ist festzustellen, dass Sie häufig in Ihren Anforderungen an andere den Maßstab bei sich selbst setzen. Treten hier keine Probleme auf, sind Sie großzügig, tolerant und kontaktfreudig. Wenn es gilt, Entscheidungen zu treffen, können Sie auf ein selbstständiges Urteilsvermögen zurückgreifen. Sie sind schwer zu beeinflussen und eher bestrebt, andere von Ihren Ansichten und Positionen zu überzeugen. Unterstützung finden Sie dabei in Ihrer Fähigkeit, einen Blick fürs Ganze zu haben, wobei das Detail manchmal auf der Strecke bleibt.

24. August bis 23. September – Jungfrau

Wer in diesem Tierkreiszeichen geboren wurde, ist erfahrungsgemäß ein Vernunftmensch und verfügt über ein kontrolliertes Gefühlsleben. Ihr Intellekt ermöglicht es Ihnen, logisches und analytisches Denken zu entfalten. In vielen Situationen bewahren Sie sich damit auch den Blick für Kleinigkeiten, was sich in Ihren präzisen und gründlichen Handlungsweisen niederschlägt. Dahinter verbergen sich Pflichtbewusstsein sowie Verantwortungsgefühl und Zuverlässigkeit. Da Sie sich im Ausleben dieser Eigenschaften gelegentlich keine Grenzen setzen, wirken Sie auf andere manchmal pedantisch.

Überstürztes Denken und Handeln sind Ihnen fremd. Dem stehen Ihr selbstständiges und gründliches Urteilsvermögen entgegen. Kurzfristige Entscheidungen mögen Sie nicht. Sie entscheiden sich wohl überlegt und das kann mitunter dauern. Sie ziehen ganz einfach langfristige Lösungen dem Teilerfolg vor, weil sie ihn als Scheinlösung empfinden.

24. September bis 23. Oktober – Waage

Sind Sie im Tierkreiszeichen Waage geboren, gehören Sie in der Regel zu jenen Menschen, denen das Streben nach Harmonie, nach Ausgleich und Gerechtigkeit ein wichtiges Prinzip der Lebensgestaltung ist.

Das geschieht keinesfalls um den Preis der Selbstaufgabe. Dieses Prinzip ist vielmehr als Grundlage Ihres gesamten Denkens und Handelns zu begreifen. Deshalb scheuen Sie den offenen Konflikt. Lässt er sich nicht vermeiden, wird er sachlich und fair ausgetragen. Im Hintergrund steht immer das Bedürfnis, unterschiedliche Positionen einander näher zu bringen. Hier können „Waage-Menschen" erstaunliche diplomatische Fähigkeiten zur Entfaltung bringen.

Von hier aus gesehen kann es nicht verwundern, dass Sie sich nur ungern von anderen vereinnahmen lassen, zumal Sie ein ausgeprägtes Gefühl für Selbstverwirklichung haben. In Ihrem Verständnis soll diese sich nicht auf Kosten anderer realisieren, vielmehr setzen Sie diese Bestrebung als für alle geltend voraus.

Damit ist verständlich, dass Sie es häufig allen recht machen wollen, ohne sich selbst einzuengen. Kommt es vor, dass Sie sich erst über einen größeren Zeitraum hinweg entscheiden, liegt das nicht an mangelnder Urteilsfähigkeit, sonder an Ihrem Bestreben, eine Lösung zu finden, die die Interessen möglichst aller berücksichtigt. Das wird Ihnen nicht sonderlich schwer fallen, da Sie sehr kompromissbereit sind. Ihr Harmoniebestreben kommt Ihnen übrigens auch dann zugute, wenn es sich darum handelt, gestalterisch tätig zu sein: Sie haben einen ausgeprägten Sinn für das Schöne und werden es oft erleben, dass andere Sie hier um Rat bitten.

24. Oktober bis 22. November – Skorpion

Für in diesem Tierkreiszeichen Geborene kann man geltend machen, dass sie einen ausgeprägten Sinn für das haben, was sich hinter den Erscheinungen verbirgt. Sind Sie „Skorpion", beherrschen Sie die Kunst, zwischen Dichtung und Wahrheit zu unterscheiden.

Anderen wird es meistens schwer fallen, Ihnen etwas vorzumachen. Vordergründiges, Halbheiten, Unfertiges interessiert Sie nicht weiter, die unmittelbare Erfahrungswelt kann Ihnen nicht genügen. Das steht im engsten Zusammenhang mit Ihrer Denkweise, die sich mit einer ausschließlich kausalen Betrachtung der Dinge nicht zufrieden gibt, die „Warum-Frage" und ihre Beantwortung kann Sie nicht befriedigen. Daher ergänzen Sie sie um die „Wieso-Frage", also um die Frage nach dem Sinn. Da diese von Ihnen erfahrungsgemäß sehr engagiert und unerschrocken vorgetragen wird, kann es passieren, dass Sie sich bei Ihren Mitmenschen mitunter unbeliebt machen, zumal Sie wenig geneigt sind, Kompromisse einzugehen.

Andere können Ihre Handlungen deshalb als eigenwillig und extrem einschätzen, zumindest bringen sie vielerorts wenig Verständnis für Sie auf. Das erschwert Ihnen den Kontakt mit anderen. Sie bewegen sich in der Regel im Kreis von Gleichgesinnten.

23. November bis 22. Dezember – Schütze

Sind Sie im Tierkreiszeichen Schütze geboren, sollten Sie auf Ihre Weltoffenheit, Ihren Optimismus und Ihre unkomplizierte Lebensphilosophie vertrauen. „Schützen“ besitzen in der Regel einen klaren und sachlichen Verstand, der ständig bemüht ist, momentane Grenzen zu überschreiten.

Dieser Wissensdurst, verbunden mit der Fähigkeit auch zu intuitivem Denken, macht verständlich, warum Sie zu jenen Menschen gehören, die Visionen haben können. Sie setzen nicht nur Vertrauen in die Zukunft, Sie können Sie sich auch vorstellen und ordnen Ihr Handeln dem unter. Ihre damit verbundene Begeisterungsfähigkeit kann sowohl andere mitreißen und beflügeln als auch befremden.

Sie selbst haben damit keine Probleme, sodass bei anderen der Eindruck entstehen kann, Sie wirken von oben herab. Dabei sollte man sich davor hüten, Sie als Fantasten abzutun. Ihr nüchterner Verstand ermöglicht es Ihnen, auch rasch wieder auf dem Boden der Realität zu stehen, um aber dann von hier aus sofort wieder große Pläne und hoffnungsvolle Zukunftsperspektiven zu entwerfen. In dieser Beziehung können Sie unermüdlich sein und sich mit Gegebenem, Festgefahrenem nur sehr schwer anfreunden. Im skeptischen Blick haben Sie es auf jeden Fall.

23. Dezember bis 20. Januar – Steinbock

Wer in diesem Tierkreiszeichen geboren wurde, zeichnet sich häufig durch eine außerordentliche Sachbezogenheit und einen ausgeprägten Sinn für die Wirklichkeit aus. Solange sich Ihr Denken in diesem Umfeld bewegt, ist es zu Höchstleistungen fähig. Spekulativen Überlegungen hingegen können Sie kein Verständnis entgegenbringen. Das kann Ihre eigentliche Kreativität beeinträchtigen, ändert aber nichts an der Tatsache, dass Sie in der Verwirklichung der selbst gestellten oder aufgegebenen Ziele sehr diszipliniert vorgehen und sich in Ihren Handlungen äußerst hartnäckig und konsequent vorhalten.

Dabei kann es durchaus passieren, dass Ihr Gefühlsleben vorübergehend im Hintergrund verschwindet. Treffen Sie für sich oder andere Entscheidungen, sind diese gut durchdacht und werden nur ungern wieder zurückgenommen.

21. Januar bis 19. Februar – Wassermann

Sind Sie ein „Wassermann“, verspüren Sie oft in sich einen Drang zur umfassenden Selbstentfaltung. Das wird durch Ihre stark ausgeprägte Vitalität bedingt, die äußerst ungern an Grenzen stößt und erfahrungsgemäß allgemein verbindliche Normen und Regeln für sich ablehnt oder zumindest Probleme mit ihnen hat.

Ihre starke Lebenskraft spiegelt sich in Ihrem Denken und Handeln recht augenscheinlich wider. Sie haben nicht nur ein feines Gespür für die geistige Situation einer Zeit, Sie treten oft als „Vordenker“ in Aktion, ungeachtet der Widerstände, die Ihnen entgegentreten können. Sie werden von Ihnen in Kauf genommen. In den Augen Ihrer Mitmenschen erscheinen Sie damit öfters als etwas überzogen, wenn nicht gar überheblich, zumindest als etwas eigenwillig und weltfremd.

Diesen letzten Vorwurf brauchen Sie sich nicht gefallen zu lassen. Ihr Eigensinn steht für Innovativität und weltfremd sind Sie schon gar nicht. Ihre ungeheure Lebenskraft schöpft nicht zuletzt aus der Tatsache, dass Sie mit beiden Beinen im Leben stehen, es nur nicht in seinen manchmal verkrusteten Strukturen hinzunehmen gewillt sind. Dieser Wille bestimmt Ihre weiteren Lebensäußerungen maßgeblich.

20. Februar bis 20. März – Fische

Sind Sie in diesem Tierkreiszeichen geboren, gehören Sie zu jenen Menschen, die einen ausgeprägten Spürsinn für das Irrationale im Leben, das Tiefgründige und Geheimnisvolle, kurz, das dem Verstand nicht Zugängliche haben.

Ihr gesamtes Denken und Handeln wird von dieser Einstellung geprägt und bewegt sich in einem idealistischen Grundmuster. Das führt dazu, dass Sie sich in der wirklichen Welt nicht bestätigt fühlen, Sie „begreifen" sie nicht und fühlen sich gleichzeitig von dieser Welt unverstanden. Auf Dauer muss das zu inneren Spannungen führen, die Sie abbauen, indem Sie sich in Illusionen, Träume und Fiktionen flüchten können.

Ihre Kommunikation mit dieser, Ihrer Welt wird anderen unverständlich bleiben. Ihre traumhaften Erlebnisse und irrationalen Erfahrungen können Sie aber beispielsweise über das Medium der Kunst mitteilen. Da erweisen Sie sich als äußerst kreativ. Hier wirken Sie auf andere mitteilsam und anregend.

Blutgruppe und Eigenschaften

Blutgruppen sind zunächst einmal eine nüchterne Angelegenheit. Der Pathologe Karl Landsteiner (1868–1943) entwickelte das moderne AB0-System. Aus medizinischer Sicht entspricht diese Einteilung den verschiedenen Oberflächeneigenschaften der roten Blutkörperchen. Blutgruppen werden nach den Regeln der Mendelschen Gesetze vererbt. Vererbung meint hier die Weitergabe von Eigenschaften der Eltern auf ihre Nachkommen auf Grundlage biologischer Mechanismen.

Jeder von uns kann seinen Arzt bitten, die Blutgruppe feststellen zu lassen: man hat entweder die Gruppe A, B, AB oder 0.

Dass Blut ein „ganz besondrer Saft" ist, weiß Goethe schon in seinem „Faust" zu sagen. Schiller meint in „Wilhelm Tell":

> „Es gibt das Herz, das Blut sich zu erkennen ..."

und auch wir heute benutzen analoge Redewendungen wie „Blut ist dicker als Wasser", sprechen von „Banden des Blutes" oder davon, dass jemand die Musik ganz einfach im Blut hat. Wir sagen „heißes Blut" und meinen, dass jemand auffallend temperamentvoll ist, oder unterstellen anderen „kaltes Blut", wenn sie angesichts gefährlichster Situationen die Ruhe bewahren. Diese Analogien sind inzwischen Bestandteil unserer Umgangssprache geworden. Sie finden dort größtenteils eine unbewusste Anwendung und bringen doch etwas zum Ausdruck, das wir den „Zusammenhang" zwischen Blut/Blutgruppe und Charakter nennen wollen.

Blutgruppe A

Für Menschen mit der Blutgruppe A will festgehalten werden, dass sie sich ihre Interessen, Neigungen und Ansichten so ohne weiteres nicht entlocken lassen. Hier wirken sie zunächst etwas zögerlich und zurückhaltend.

Anderen wird es schwer fallen, sie für eine Handlung, eine Situation, ein Vorhaben zu begeistern. Ist aber der Fall eingetreten, dass sie endlich Begeisterung für etwas an den Tag legen, sind sie nicht mehr zu bremsen. In der Umsetzung ihres Denkens und Handelns beweisen sie eine Tatkraft, eine Ausdauer und ein Durchsetzungsvermögen, die ihres gleichen suchen. Sie schrecken nicht davor zurück, auch eventuellen heftigen Widerständen zu begegnen. Diese werde nicht einfach umgangen, sondern in der Regel beim Namen genannt.

Blutgruppe B

Vielerorts fällt an Menschen mit dieser Blutgruppe auf, dass ihnen das gemeinsam ist, was man in einer Redewendung als „harte Schale, weiches Herz" bezeichnet. Es handelt sich also um Menschen, die auf andere desinteressiert, teilnahmslos, abweisend und eben hart wirken. Dabei nehmen sie häufiger innigste Anteilnahme am Schicksal anderer, als man weithin vermutet. Um so verwunderter ist man dann, wenn sie urplötzlich auf andere zugehen und ihnen Hilfe anbieten oder Trost spenden.

Hier kann man sich sicher sein, dass das völlig uneigennützig geschieht. Allerdings sollte man berücksichtigen, dass sie ihr Mitleid mit anderen, ihre Hilfe oder Unterstützung nicht so ohne weiteres bekunden bzw. anbieten. Sie stellen hohe Anforderungen an sich selbst. Von hier aus ist nur allzu verständlich, dass sie erwarten, dass auch andere versuchen, sich zunächst selbst zu helfen. „Hilfe durch Selbsthilfe" gehört zu ihren Lebensmaximen.

Blutgruppe AB

Menschen mit dieser Blutgruppe verbindet eines: Sie sind „Gefühlsmenschen". Das macht ihren Charakter nicht gerade unkompliziert, zumal sie sich meistens selbst im Zustand eines Wechselbades der Gefühle befinden. Diese inneren Spannungen halten sie oft nicht aus, sodass sie nach außen hin sehr unausgeglichen, rasch entmutigt und sofort wieder für etwas begeistert wirken.

Ihr Denken und Handeln vollzieht sich in der Regel jenseits jeder nüchternen Sachlichkeit und Logik, ist vielmehr aus Gefühlen gespeist und für andere unter Umständen schwer nachvollziehbar.

Blutgruppe 0

Menschen mit dieser Blutgruppe sind ungern allein und lieben die menschliche Gemeinschaft. Sie sind überdurchschnittlich kontaktfreudig und nutzen jede erdenkliche Gelegenheit, ihren Bekanntenkreis zu erweitern. Sie verfügen über ein starkes Gefühlsleben, können es aber jederzeit ihrem kritischen Urteilsvermögen und scharfen Verstand unterordnen.

Unsere Zähne – Rückschlüsse auf unsere Organe

Wenn Sie gefragt werden, was genau ein Zahn ist und Sie wissen es nicht, schlagen Sie ein Lexikon oder anderes Nachschlagewerk auf und werden zunächst finden, dass es sich bei Zähnen um harte, kalkhaltige Strukturen handelt, die im Ober- und Unterkiefer vieler Wirbeltiere verankert sind und dem Kauen dienen. Ein menschlicher Zahn besteht aus einem äußeren Teil, der Zahnkrone, und der im Kiefer verankerten Zahnwurzel. Die Außenschicht der Krone ist der Zahnschmelz. Das ist eine kalkhaltige Substanz, die das härteste Material im menschlichen Körper darstellt. Unter dem Zahnschmelz liegt das Zahnbein.

Das ist alles richtig, klingt sachlich und nüchtern, obwohl viele von uns das Thema Zahn so nüchtern dann nicht mehr betrachten, wenn sie einen Zahnarzttermin haben.

Wer geht schon gerne zum Arzt, doch es fällt immer wieder auf, dass die Gesichter der Patienten im Wartezimmer eines Zahnarztes einen ganz besonderen Ausdruck haben. Man hat das Gefühl, dass hier nicht nur jemand wegen seines „dritten Backenzahns links oben" sitzt. Vielmehr scheint es, als wären irgendwie der ganze Mensch, der ganze Körper an diesem Besuch beteiligt. Und in der Tat, viele Menschen haben im Vorfeld eines Zahnarztbesuchs komischerweise Beschwerden an Stellen, von denen man meint, sie haben mit den Zähnen nichts zu tun: unruhiger Nachtschlaf, innere Unruhe, kurzzeitige Verdauungsprobleme sowie Stirnschweiß.

„Das Zahnweh, subjektiv genommen,
ist ohne Zweifel unwillkommen;
doch hat's die gute Eigenschaft,
dass sich dabei die Lebenskraft,
die man nach außen oft verschwendet,

auf einen Punkt nach innen wendet
und hier energisch concentrirt.
Kaum wird der erste Stich verspürt,
kaum fühlt man das bekannte Bohren,
das Rucken, Zucken und Rumoren –
und aus ist's mit der Weltgeschichte,
vergessen sind die Kursberichte,
die Steuern und das Einmaleins,
kurz jede Form gewohnten Seins,
die sonst real erscheint und wichtig,
wird plötzlich wesenlos und nichtig.
Ja, selbst die alte Liebe rostet –
Man weiß nicht, was die Butter kostet –
Denn einzig in der engen Höhle
des Backenzahnes weilt die Seele."

(Wilhelm Busch)

Diese Beeinträchtigung des ganzen Menschen mag oft ganz einfache Ursachen haben und ist womöglich auch schnell zu erklären. Dennoch bleibt es ein bemerkenswertes und interessantes, häufig zu bemerkendes Phänomen: Der Körper in seiner Gesamtheit scheint auf besondere Art und Weise mit den Zähnen verbunden.

Es ist die Naturheilkunde und deren ganzheitliche Betrachtungsweise, die ihren Behandlungsmethoden häufig das Verständnis um diese besonderen Verbindungen unterlegt. Ganzheitliche Medizin kennt so genannte „Somatotopien". Das sind Bereiche unseres Körpers, auf denen sich Organe, Knochen, Muskeln, kurz, der gesamte Organismus im Kleinen widerspiegelt. Diese Somatotopien gibt es vor allem im Kopfbereich. Die bekannteste ist das Ohr. Hier setzt beispielsweise die Ohr-Akupunktur an und nimmt durch die Stimulation des Ohrs durch Nadeln Einfluss auf den übrigen Organismus. Weitere Somatotopien sind das Kinn, die Lippen, die Iris oder Regenbogenhaut der Augen und eben unsere Zähne.

Nur so viel: Die Naturheilkunde geht von dem Grundsatz aus, dass alles Sein Schwingung ist und beruft sich hierbei auf den Physiker Albert Popp. In diesem Verständnis sind biologische Wechselwirkungen elektromagnetischer Natur. Die kleinste feststellbare Einheit eines elektromagnetischen Feldes sind die Photonen. Unsere Zellen, so nun Popp, „kommunizieren" mittels der Photonen untereinander.

Wir können diesen „Kommunikationsprozess" auch mit energetischer Wechselbeziehung umschreiben. Ich will hier im Einzelnen nicht weiter darauf eingehen und Ihnen lediglich jene vorstellen, die zwischen unseren Zähnen und dem übrigen Organismus bestehen.

obere Zahnreihe

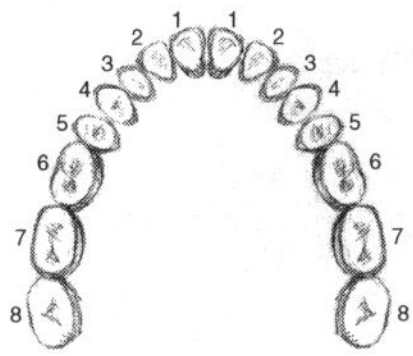

Schneidezähne: Blase, Niere, Geschlechtsorgane, Fuß, Knie, Kreuz, Stirn, Epiphyse oder Zirbeldrüse (1 und 2)
Eckzähne: Gallenblase, Leber, Hüfte, Auge (3)
Backenzähne: Dickdarm, Lunge, Hände, Füße, Schulter, Ellbogen, Thymus oder innere Brustdrüse; Lymphorgan (4 und 5)
Mahlzähne: Magen, Milz, Knie, Kieferhöhle, Brustdrüse, Schilddrüse und Nebenschilddrüse (6 und 7)
Mahlzähne: Dünndarm, Herz, Ellbogen, Schulter, Hände, Füße, Ohren, Zentrales Nervensystem (8)

untere Zahnreihe

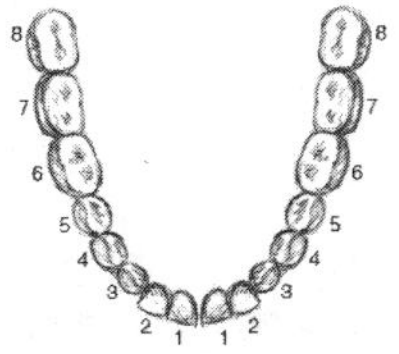

Schneidezähne: Blase, Niere, Nebenniere, Knie, Kreuz, Stirnhöhle (1 und 2)
Eckzähne: Gallenblase, Leber, Hüfte, Auge, Gonaden (3)
Backenzähne: Magen, Milz, Bauchspeicheldrüse, Brustdrüse, Kieferhöhle, Gonaden, Lymphgefäße (4 und 5)
Mahlzahn: Venen (6)
Mahlzahn: Arterien (7)
Mahlzähne: Dickdarm, Lunge, Hände, Füße, Schulter, Ellbogen (6 und 7)
Mahlzahn: Dünndarm, Herz, Ellbogen, Schulter, Ohr, Hände, Füße, Energiehaushalt, Peripheres Nervensystem (8)

Der Biorhythmus – die Rhythmen des Lebens

„Ich glaube, das war heute nicht mein Tag."
„Irgendwie bin ich, heute verdammt gut drauf."
„Er hat einen denkbar schlechten Tag für seine Prüfung erwischt."
„Es gibt Tage im Leben, da bleibt man am besten im Bett."
„Es ist schon irgendwie komisch. Manchmal redet er nach drei Gläsern schon wirres Zeug und manchmal hat er ein unwahrscheinliches Stehvermögen!"

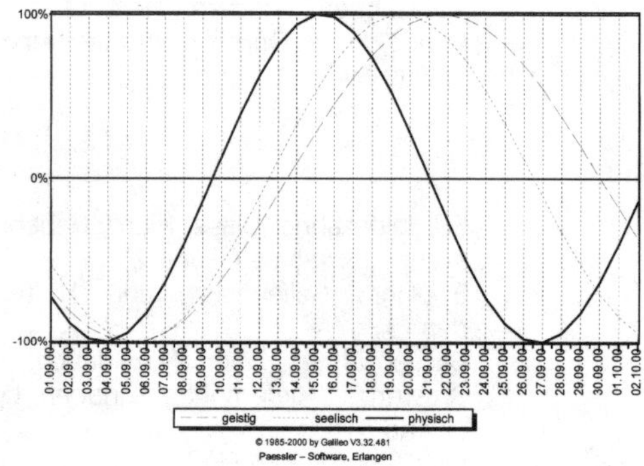

Sie kennen sicherlich solche Formulierungen und die meisten von uns haben das ihnen Gemeinsame irgendwann im Leben schon selbst an sich oder anderen erlebt.

Wir kennen gute und schlechte Tage in unserem Leben. Es gibt Tage, die man am liebsten aus seinem Kalender streichen würde und solche, die sich immer wiederholen könnten. Es gibt in unserem Leben Tage, die ohne Bedeutung vergehen, und solche, die unter Umständen unser ganzes Dasein verändern. Und irgendwann haben Sie sicherlich schon einmal bemerkt, dass Sie nicht jeden Morgen gut gelaunt aufstehen. Heute gehen Ihnen womöglich Dinge gut von der Hand, die Ihnen zu anderer Zeit schon große Schwierigkeiten bereitet haben.

Neben regelmäßigen Schwankungen in den unterschiedlichsten täglichen Lebensäußerungen lassen sich über größere Zeiträume hinweg solche beobachten, die man heute als Biorhythmen bezeichnet, wobei dieses Wort älter ist, als man gelegentlich annimmt.

Schon im Jahre 1932 erschien in Deutschland ein unscheinbares kleines Buch mit dem Titel „Die Lebenskurve nach dem Ellerbeck'schen Gesetz – Ebbe und Flut im Blut". Hier heißt es u. a.:

„Beachte das Gesetz der Zellenschwingungen in deinem Organismus! Wer das Gesetz des Lebensrhythmus (Biorhythmus) missachtet oder nicht kennt, muss Misserfolg haben. Den richtigen Zeitpunkt zu allem Tun und Handeln erfassen, das allein ist der Schlüssel zum Erfolg."

Die Lehre vom Biorhythmus, so wie sie heute vorgetragen wird, geht davon aus, dass jeder Mensch in seinen körperlichen, seelischen (gefühlsmäßigen) und geistigen Lebensäußerungen Schwankungen unterliegt. Sie kennen vielleicht den Ausdruck von der „biologischen Uhr". Die Lehre vom Biorhythmus basiert auf der Annahme, dass es beim Menschen periodisch verlaufende Kreisläufe unterschiedlicher Dauer gibt.

Konkret besagt diese Theorie, und da ist sich die entsprechende Literatur einig, dass jeder Mensch von Geburt an durch drei unterschiedliche sowie ständig wechselnde Energieströme beeinflusst wird:

Gesprochen wird zunächst vom „Körperrhythmus", der eine Dauer von 23 Tagen hat und alle 11½ Tage wechselt. Er nimmt Einfluss auf die den Körper und den Willen antreibenen Kräfte.

Eine Dauer von 28 Tagen hat der „seelische Rhythmus". Er bestimmt unsere Gefühle, Stimmungen sowie unser schöpferisches Vermögen und wechselt alle 14 Tage.

Schließlich kennen wir noch den „Geistesrhythmus" mit einer Dauer von 33 Tagen und einem sich alle 16½ Tage vollziehenden Wechsel. Unter seine Einflussnahme fallen Konzentration und Geistesgegenwart. Hier wird bereits ersichtlich, dass die drei Phasen unterschiedliche Zeitlängen haben. Die Folge für den Menschen: Es kommt ständig zu Kombinationen der körperlichen, seelischen und geistigen Befindlichkeiten. Dabei gilt es nie zu vergessen: Der Biorhythmiker behauptet lediglich, dass seine Theorie nur von der periodischen Wiederkehr bestimmter Funktionsabläufe im Organismus handelt.

Die Beschreibungen des Körperrhythmus mit einer Dauer von 23 Tagen und die des seelischen Rhythmus mit einer von 28 Tagen gehen auf den deutschen Arzt Wilhelm Fließ (1858–1928) und den österreichischen Psychologen Hermann Swoboda (1873–1963) zurück. Die zeitliche Festlegung des geistigen Rhythmus auf 33 Tage resultieren aus den langjährigen Forschungen von Friedrich Teltscher.

Völlig falsch wäre es nun, seine gesamte Lebensgestaltung nach Biorhythmen auszurichten und an den so genannten schlechten Tagen im Bett zu bleiben. Walter A. Appel, sicherlich einer der bekanntesten Vertreter der Theorie vom Biorhythmus in Deutschland, meint hierzu:

„Ich bin der Überzeugung, dass es einer gewissen Lebenskunst bedarf, sein Gefühls- und Geistesleben unter Beachtung einer vorgegebenen Rhythmik zu gestalten; aber auch eine gehörige Portion Selbstdisziplin ist notwendig. Aber wäre unser Dasein nicht langweilig und belanglos, wenn es nicht Stimmungsschwankungen und Leistungsänderungen un-

> terworfen wäre? Entscheidend ist doch, dass wir unseren Einsatz überlegt steuern und nicht Gefahr laufen, in einer Hochstimmung zu übertreiben und in einer Depressionsphase zu verzweifeln … Im Grunde handelt es sich ja nur darum, der körpereigenen Schwingungen und Schwankungen inne zu werden und daraus die erforderlichen, je nach Veranlagung möglichen Schlüsse zu ziehen."

Per Mausklick können Sie sich heute im Internet von den unterschiedlichsten Anbietern Ihren persönlichen Biorhythmus berechnen lassen. Bei aller Differenziertheit dieser Berechnungen liegt ihnen die oben genannte Auffassung vom Körper-, Geist- und Seelenrhythmus zu Grunde.

Betrachten wir den Körperrhythmus. Für ihn wird eine Dauer von 23 Tagen angenommen. Er beeinflusst Ihre gesamte körperliche Verfassung. Stellen Sie sich den Verlauf des Körperrhythmus analog dem Verlauf einer Sinuskurve vor. Ihre „Sinuskurve" beginnt bei Null, umschreibt eine Hochphase (Plusbereich), geht wieder zu Null und umschreibt dann eine Tiefphase (Minusbereich). Im übertragenen Sinne bedeutet das für Ihren Körperrhythmus (23 Tage), dass Sie sich 11½Tage in einem zunächst körperlichen „Hochgefühl" befinden, welches dann von einem 11½ Tage dauernden „Tiefgefühl" abgelöst wird. Der ca. 24 Stunden umfassende Wechsel von einem Hoch zu einem Tief wie auch umgekehrt wird als „kritischer Tag" bezeichnet.

In den „positiven 11½ Tagen" sind Sie in körperlicher Hinsicht in bester Verfassung. Sie legen eine beachtliche Leistungsfähigkeit an den Tag und sind äußerst belastbar. Sie fühlen sich rundum wohl und in Ihren Handlungen zeigen Sie sich ausdauernd. Sie fühlen in sich so etwas wie einen ungebremsten Tatendrang und Arbeitseifer. Sie haben das bekannte Gefühl, „Bäume ausreißen zu können". Sportler vollbringen erfahrungsgemäß gerade in dieser Phase Höchstleistungen. Wer sich mit der Absicht trägt, eine mit schwerer körperlicher Arbeit verbundene Aufgabe zu erledigen, ist gut beraten, das in dieser Phase zu tun.

Der so genannte kritische Tag sollte niemanden in Panik versetzen, man sollte aber Vorsicht walten lassen. Es gibt Untersuchungen, die gerade diesen Tag in den engsten Zusammenhang mit möglichen Unfallgefahren bringen.

In den „negativen 11½ Tagen", der Name sagt es schon, sind Sie weit davon entfernt, „die Welt aus ihren Angeln" heben zu wollen. Sie verspüren ein gewisses Bedürfnis nach Ruhe und Entspannung, Sie fühlen sich müde.

Mit den Auswirkungen der anderen beiden Biorhythmen in ihren verschiedenen Phasen soll Sie die folgende Tabelle vertraut machen.

Rhythmus	Geltungsbereich/Messgrößen	Hoch	Tief	Kritisch instabiler Zustand
Seelenrhythmus 28 Tage lang; Wechsel zwischen Hoch und Tief alle 14 Tage	seelischer Bereich, Gemüt, seelische Gefühlswelt, Unbewusstes, Empfindungsfähigkeit, Einfühlungskraft, Kontaktfähigkeit, Harmonie, Zusammenarbeit, moralische Kraft, Intuition, Kreativität,	Energieabgabe, positive Lebenseinstellung, gute Harmonie, Zusammenarbeit, günstig für Prüfungen, Wettbewerbe, öffentliche Auftritte, Bekanntschaften, Freude an Geselligkeit	Energieaufnahme, negative Gefühle belasten Teamwork und Zusammenarbeit, zwischenmenschliche Beziehungen beachten, Neigung zu Kontaktarmut, Eintönigkeit, evtl. Depressionen	spitze Bemerkungen, Streit, sinnlose Frustration, Verschlechterung eines Krankheitszustandes, verlangsamte Reaktionsfähigkeit
Geisterrhythmus 33 Tage lang; Wechsel zwischen Hoch und Tief alle 16½ Tage	geistiger, intellektueller Bereich, Bewusstes, Denkfähigkeit, Begreifen, Anpassungsfähigkeit, Logik, Urteilskraft, Aufmerksamkeit, Reaktionsvermögen, Beweglichkeit, Gedächtnis (Lebenskraft, Lebensbejahung)	geistige Aufgeschlossenheit, Aufnahmefähigkeit für Neues, gutes Gedächtnis, Anpassungsfähigkeit, günstig für neue Aufgaben, Auslandsreisen, Studium schwacher Sachgebiete, Planen, Entscheidungen, Prüfungen	mangelnde Denkfähigkeit, Konzentrationsfähigkeit, nachlassendes Gedächtnis, mangelnde Ausdrucksfähigkeit, günstig für Routinearbeiten, Sammeln und Einordnen, Repetieren	Gedächtnisschwäche, Neigung zu Fehlern und Irrtümern, geistige Kurzschlüsse, Nachlassen der Aufmerksamkeit, der Geistesgegenwart und der Reaktionsfähigkeit, Unfallgefahr

Es wird Sie die Frage interessieren, wie man seinen Biorhythmus berechnen kann. Wie gesagt, verfügen Sie über einen Computer und Internetanschluss, stellt das kein Problem dar. Es genügt, das Suchwort „Biorhythmus" einzugeben und schon geht es los.

Am Anfang aller Berechnungen wird die Frage nach dem Geburtsdatum stehen. Dahinter steht ganz einfach die Annahme, dass der Körper-, Geist-

und Seelenrhythmus dann zu schwingen beginnt, wenn der Mensch als selbstständiges Individuum ins Leben tritt. Wieso berücksichtigt man hier nicht die Embryonalentwicklung des Menschen? Zum einen ist der Zeitpunkt der Empfängnis im Nachhinein nur schwer, wenn überhaupt zu berechnen. Zum anderen ist während der Schwangerschaft das werdende neue Leben auf die vielfältigste Art und Weise mit den Schwingungszyklen der Mutter verbunden.

Ich nehme an dieser Stelle ein einfaches Beispiel und denke mir einen Menschen aus, der, sagen wir, am 01.01.1995 geboren wurde. Wie sah seine körperliche, seelische und geistige Verfassung am 10.03. des gleichen Jahres aus?

Zwischen dem Geburtstag und dem hier genannten Datum liegen (1995 war kein Schaltjahr!) 69 Tage:

Der körperliche 23-Tage-Rhythmus wurde genau dreimal durchlaufen und ein vierter beginnt. Damit stehen wir vor der Tatsache eines sogenannten kritischen Tages. Da es sich bei unserer ausgedachten Person um einen Säugling handelt, besteht die Möglichkeit, dass ihn eine Krankheit mehr belastet als sonst.

Der seelische 28-Tage-Rhythmus wurde zweimal durchlaufen und unsere ausgedachte Person befindet sich damit am 7. Tag einer seelischen Hochphase. Man wird den Säugling häufig lachen sehen.

Der geistige 33-Tage-Rhythmus wurde gleichfalls zweimal durchlaufen und unsere imaginätr Person befindet sich damit am 3. Tag einer geistigen Hochphase. Nun wird man in unserem Beispiel von Logik oder Urteilskraft nicht sprechen können. Es ist aber anzunehmen, dass unser Säugling in diesem Zeitraum im Rahmen seiner geistigen Möglichkeiten besonders empfänglich ist für die Aufnahme von Eindrücken aus seiner Umwelt.

Der Zeitraum zwischen unseren Geburtstagen und dem gerade aktuellen Datum ist ein wesentlich größerer und es macht schon eine gewaltige Mühe, die dazwischen liegenden Tage einfach zusammenzuzählen.

Hierfür gibt es heute eine Vielzahl von Erleichterungen: Computerprogramme, Tabellen usw., die – das ist verständlich – hier in meinem Buch nicht im Einzelnen wiedergegeben werden können. Probieren Sie es einfach aus!

Der Mensch und die Farben

„Farben weisen eine bestimmte Bewegung auf, die wir durch bloßes Betrachten nachvollziehen und empfinden können. Diese Eigenbewegung entspricht jeweils einem bestimmten Platz in der Wertskala unserer Stimmungen und Gefühle. Farben sind somit Spiegel und Ausdruck unserer Seele. Farben haben eine Bedeutung als Symbole allgemein menschlicher Werte."

(aus einem Werbetext)

Wissen Sie eigentlich, warum der „blaue Montag" blauer Montag heißt? Ein Blick in einschlägige Wörterbücher macht deutlich, dass dieser Tag ursprünglich der Montag vor dem Fasten gewesen ist und dann nach der an diesem Tage vorgeschriebenen liturgischen Farbe benannt wurde.

Später dann erließ Papst Pius V. im Jahre 1570 genau zu befolgende Regeln über die Nutzung von Farben bei Gottesdiensten, an denen später auch Luther und die Reformation nichts ändern sollten. Grün steht für die Dreifaltigkeit und das Leben, die Farbe Rot entspricht dem Heiligen Geist und den Märtyrern des Glaubens. Zeiten der Buße und des Fastens fanden ihre Entsprechung in der Farbe Violett. Weiß steht für Freude, Schwarz für Trauer und Tod.

Die Gesellen des mittelalterlichen Handwerks übernahmen übrigens die Bezeichnung „blauer Montag" für den ihnen nach altem Handwerkerbrauch zustehenden freien Montag.

Hier wird bereits deutlich, dass Farben ganz offensichtlich mehr sind als die Eigenschaft einer durch das Auge aufgenommenen Empfindung, ausgelöst durch Schwingungen mit bestimmter Größe.

Wir wissen, dass der Mensch deshalb in der Lage ist, Farben wahrzunehmen, da sich im menschlichen Auge auf der Netzhaut drei farbempfindliche Organe, die Zäpfchen, befinden. Diese reagieren auf die Farben Gelb, Blau und Rot. Je in Abhängigkeit von der Stärke der einzelnen Farbanteile vermittelt dann unser Gehirn den Farbeindruck. Indem es die Farben Gelb, Blau und Rot „mischt", kann jede andere Farbe „hergestellt" werden. Sie erinnern sich: Der Mensch nimmt wahr, was er denkt!

Das Erstaunliche ist nun, dass wir Menschen auf unterschiedliche Wellenlängen nicht nur mit Farbempfindungen reagieren. Wir reagieren ganz offensichtlich in einer Weise, die weit über die Physik der Farben hinausgeht und ihren Niederschlag in einer Vielzahl von entsprechenden Analogien gefunden hat. Denken wir nur an unsere Alltagssprache:

- „rot sehen ..."
- „gelb vor Neid werden ..."
- „sein blaues Wunder erleben ..."
- „eine rabenschwarze Seele haben ..."
- „in ihren Adern fließt blaues Blut ..."
- „ja nicht den roten Faden verlieren ..."

- „rote Zahlen schreiben …"
- „alles im grünen Bereich …"
- „das ist doch dasselbe in Grün …"

Oder es muss doch auffallen, dass wir nicht immer von irgendwelchen Farben sprechen. Wir hören oft solche Formulierungen wie:

> „giftgrün, freundliche Farben, warme Farben, himmelblau, Neonfarben, feuerrot, schneeweiß, stechende Farben, kalte Farben, sprühende Farben, dezente oder bedeckte Farben, helle Farben, dunkle Farben, belebende und erdrückende Farben".

Hier bringen sich menschliche Wertvorstellungen ins Spiel, von denen wir bereits sagten, dass sie immer subjektiv sind. Farben haben für jeden von uns eine Bedeutung, die weit über ihren physikalischen Kontext hinausgeht. Farben können unsere Befindlichkeit beeinflussen und man sollte meinen, dass sie auch unsere Befindlichkeit widerspiegeln – so z. B. in der Vorliebe für die Farbe Rot und die Ablehnung der Farbe Gelb. Auf alle Fälle ist die Einstellung eines jeden Menschen zu einer Farbe oft recht unterschiedlich, weil Menschen den Farben eine Bedeutung unterlegen.

In unserer Frühgeschichte hing der Farbgebrauch eng mit rituellen magischen Handlungen zusammen. Farbige Amulette versinnbildlichten göttlichen Schutz, ihre Anfertigung oblag den Schamanen.

Nehmen Sie unser heutiges alltägliches Schminken. Was da jeden Tag vor dem Spiegel im Badezimmer stattfindet, hat uralte magische Wurzeln. Farben galten als heilig, durch das Bemalen des Körpers (z. B. die Kriegsbemalung der Indianer) glaubte man, an übernatürlichen Kräften. Diese Bemalungen wurden alles andere als rein sporadisch oder zufällig angefertigt. Hinter ihnen verbarg sich eine tiefe Symbolik.

Die Wappen unserer Vorfahren sind nicht irgendwie schön bunt, ihre Farben haben Bedeutung. Gold steht für die Ehre, Silber oder Weiß für Treue, Blau für Frömmigkeit, Grün für Jugend und Rot für Mut. Das Purpur war königlichen Familien vorbehalten, dieses Privileg stammt aus der römischen Antike. Nur dem Kaiser stand es an, eine purpurne Toga zu tragen. Man brachte diese Farbe in den Zusammenhang mit dem Rang und der Würde des Gottes Jupiter, der den Römern das war, was den Griechen Zeus bedeutete.

Was meinen Sie, warum die Feuerwehren auf der ganzen Welt rot sind? Rot, so sagt man, ruft fast immer Aufmerksamkeit hervor. Rot weist auf etwas hin, was wichtig und von Bedeutung ist, denken Sie an das Rot der Ampel, sicherlich keine zufällige Farbwahl. Doch wir sehen nicht entweder Rot oder kein Rot, wir sehen sowohl Rot als auch Rot. Farben haben immer eine gedoppelte oder gegensätzliche Bedeutung.

Ein bekannter amerikanischer Spielfilm hieß „Ein Mann sieht Rot". Sein Held war ein verzweifelter, zu allem entschlossener Mensch, der von sich meinte, nichts mehr zu verlieren zu haben, und jedweden Kompromiss mit anderen, aber auch für sich, radikal ablehnte.

Wir begegneten am Anfang dieses Kapitels den vier Temperamenten. In längst vergangenen Zeiten wurde die Welt in vier Elemente eingeteilt, von denen man meinte, sie entsprächen genau diesen vier Temperamenten. Die Farbe des Feuers ist Rot und wurde dem Choleriker zugeordnet. Luft, ein weiteres Element, wurde in Beziehung zu Gelb gesetzt und dem Sanguiniker zugeordnet. Wasser ist blau und steht in Analogie zum Phlegmatiker. Das vierte und letzte Element war die Erde und sie wurde in Grün gesehen. Dieses Grün fand seine Entsprechung im Melancholiker.

Über die Anzahl der so genannten Grundfarben gibt es unterschiedliche Auffassungen. Wir kennen das Modell der sechs Grundfarben: Gelb, Orange, Rot, Violett, Blau und Grün. Andere empfinden Gelb, Rot, Blau und Grün als Grundfarben. Ob nun vier oder sechs „Grundfarben" – sie alle beeinflussen uns auf unterschiedlichste, rein physiologische, aber auch auf verstandes- und gefühlsmäßige Art und Weise.

Das wussten übrigens schon die alten Inder. Für die Gestaltung und Formung der menschlichen Psyche machten sie nicht nur den Verstand, Arbeit, Nahrung usw. verantwortlich, sondern auch die Farben. Hier ging es nicht nur um einfaches, schlichtes „Sehen von Farben". Vielmehr brachte man Farben in Verbindung mit den Energiezentren des menschlichen Körpers. Dahinter verbirgt sich nichts anderes als die spätere hermetische Überzeugung, wonach alles in Schwingung ist und über die Resonanzfähigkeit „mitteilbar".

Farben, die in erster Linie unser Gefühlsleben beeinflussen, in uns Befindlichkeiten auslösen oder Befindlichkeiten erkennen lassen können, sind wie alle Gefühle nur schwer mitzuteilen.

Ich werde mich im Folgenden daher lediglich darauf beschränken, von dem zu sprechen, von dem man meint, dass es in der jeweiligen Farbe seine Entsprechung hat.

Rot: Gefühl, Spürsinn, Vorahnung, Wärme, Stärke, Ehrlichkeit und Offenheit, Lust am Leben, Leidenschaft, Unbesonnenheit

Gelb: Ratio, Logik, Verstand, Geisteskraft, Gedankenschärfe, Wissensdurst und Neugierde, Sachlichkeit

Orange: Sinnlichkeit, Gefühl, Kunst, Großzügigkeit, Verschwendung, Leben im Heute

Violett: Glaube, Magie, Irratio, Analogie, Überspanntheit, Intuition, Inspiration

Blau: Ruhe, Besonnenheit, Konzentration, Idealismus, Wehmut

Grün: Hoffnung, Liebe, Jugend, Wachstum, Gefühl, Zärtlichkeit

In andere Richtung bewegen sich die Untersuchungen des Psychologen Max Lüscher. Aus seiner Sicht haben Farben die folgende Bedeutung:

Blau ist eine kalte Farbe und das Sinnbild von Treue und Freundschaft. Diese Farbe spricht von der Fähigkeit zur Selbstbeherrschung und Mäßigung sowie einer gewissen Empfindlichkeit, Liebesbedürftigkeit und Introvertiertheit.

Grün steht schlechthin für das Leben in seiner gesamten Ausdehnung. Diese Farbe spricht für Menschen mit einer unkomplizierten Lebensphilosophie, die darüber hinaus die Fähigkeit besitzen, sich veränderten Situationen rasch anzupassen, ohne sich dabei selber aufzugeben.

Rot steht als der Inbegriff aller der seelischen Vorgänge, die sich mitunter impulsiv artikulieren. Es ist die Farbe der Leidenschaft, die sich in der Regel einer rationalen Kontrolle entzieht. Menschen, die diese Farbe favorisieren, haben erfahrungsgemäß ein sehr lebhaftes und ungezügeltes Temperament, einen starken Willen und ein ausgeprägtes Selbstbewusstsein.

Gelb spricht für Wärme, Leichtigkeit und Heiterkeit. Menschen, die Gelb besonders mögen, sind in der Regel vielseitig interessiert, aber auch in vielen Dingen unbeständig. Sie haben oft einen nicht zu übersehenden Hang zu Neid und Ehrgeiz. Im Leben geben sie sich äußerst beweglich und finden rasch Kontakt zu anderen.

Violett spricht die Sprache der Unausgeglichenheit und einer möglichen inneren Zerrissenheit.

Charakterkunde im Alltag

Unser „Revierverhalten"

Hier begegnen wir einer solchen Vielzahl menschlicher Ausdrucksformen, die in ihrer Beschreibung und Deutung den Rahmen eines einzelnen Buches sprengen würden. Deshalb werde ich mich im weiteren Verlauf dieses Kapitels nur auf „Ausschnitte" beschränken können. Aber auch diese wenigen Ausschnitte, so meine ich, gestatten Rückschlüsse auf menschliche Charaktere.

Versuchen Sie sich an Ihre Schulzeit zu erinnern und Ihnen wird einfallen, dass es das „Vorrecht" des Lehrers war, der Klasse eine Platzordnung zu diktieren: Die „Guten" durften meistens in den hinteren Reihen sitzen, die „Schlechten" saßen vorn, oder auch umgekehrt. Heute ist das Gott sei Dank anders und der Pädagoge ist übrigens gut beraten, wenn er seine Schüler sich so setzen lässt, wie sie das gerne möchten. Denn sie setzen sich nicht irgendwie. Gleiches beobachtet man später z. B. in den Seminarräumen unserer Hoch- und Fachschulen und noch später in den Schulungsräumen von Firmen und Unternehmen.

„Setzt sich nicht irgendwie ...“ bedeutet im übertragenen Sinne, dass in jedem von uns noch so etwas wie ein Rest Revierverhalten vorhanden ist. Jeder von Ihnen, der irgendein Haustier hat, kann das tagtäglich beobachten und Katzenhalter wissen, dass die Katze nicht bei Ihnen lebt, sondern Sie bei Ihrer Katze wohnen.

Menschen sind geneigt, sich über ihr „Revierverhalten“ in die für sie günstige Position zu bringen. Nehmen wir das Beispiel eines Seminarraumes oder Hörsaals. Zu Beginn der Veranstaltung sind die Reihen noch frei und nur langsam beginnt sich der Raum zu füllen. Es wäre eigentlich egal, wer sich wohin setzt. Und trotzdem kann der Beobachter feststellen, dass irgendwie ein stilles Prinzip waltet. Manche besetzen zielstrebig die ersten Reihen, andere platzieren sich auf den linken oder rechten Plätzen, andere wiederum bevorzugen die Mittelreihen und andere schließlich, obwohl vorne noch alles frei ist, setzen sich ganz hinten hin. Gerade das will einem nicht einleuchten, sieht und hört man doch vorne schließlich alles besser.

Ich habe im Laufe meiner langjährigen Trainertätigkeit die Erfahrung gemacht, dass hier in der Tat ein Prinzip am Werke ist, welches bei einer gewissen Menschenkenntnis durchschaut werden kann. Sicherlich sind Schulungsräume anders aufgebaut als Hörsäle; entscheidend war aber immer der „Abstand“ zwischen dem Platz des Vortragenden und den Teilnehmern.

Und da gibt es nun diejenigen, die sich sofort nach „vorne“ setzen, und sei es nur, weil eine einzelne Aktentasche signalisiert, dass dies der Platz des Trainers sein könnte. Stellt sich heraus, dass es die Tasche eines zu früh gekommenen Teilnehmers ist, wird der Platz sofort gewechselt.

Nun habe ich die Erfahrung gemacht, dass es sich bei diesen Menschen um diejenigen handelt, die ehrgeizig, selbstbewusst und gelegentlich etwas von sich selbst eingenommen sind.

Ehrgeizig deshalb, weil sie tatsächlich der Ansicht sind, dass dieses Seminar oder die Schulung wichtig für das eigene berufliche Fortkommen ist. Sie wollen sich nicht ein Wort entgehen lassen. Ihr Selbstbewusstsein mache ich an der Tatsache fest, dass es in der Regel so ist: Fragt der Trainer diesen oder jenen Teilnehmer etwas, wendet er sich erfahrungsgemäß zunächst an die, die in seiner Nähe sitzen. Das wissen allerdings auch jene, die ihre Plätze gleich rechts oder links von ihm einnehmen. Sie scheuen die damit verbundenen „Gefahren“ nicht, ja, rechnen unter Umständen sogar damit, zu einer Antwort animiert zu werden.

Was die Selbsteingenommenheit betrifft, so konnte ich die meist bei Teilnehmern registrieren, die in der Vergangenheit schon oft an Kursen oder Seminaren teilgenommen haben.

Irgendwie betrachten sie den „Abstand“ zwischen sich und dem Schulungsleiter oder Trainer als nicht mehr so entscheidend („Kennen wir eigentlich alles schon!“) oder wollen damit auch eine gewisse Distanz zu den übrigen Teilnehmern demonstrieren. Ganz auffällig werden diese Menschen dann, wenn sie den Vortragenden häufig mit Formulierungen wie „Sagen Sie, kann es sein, dass ich das bei Herrn X schon einmal anders gehört habe ..." oder „In der einschlägigen Literatur stellt sich das aber ganz gegenteilig dar ...!" unterbrechen.

Ganz hinten oder weit weg vom Vortragenden sitzen in der Regel die ängstlichen, schüchternen Naturen. Gestattet es die Raumanordnung, ist mir aufgefallen, dass diese Menschen liebend gern in der Nähe der Ausgangstüren Platz nehmen. Selbst der Bitte eines bekannten Kollegen, der gleichzeitig an der Schulung teilnimmt, doch gemeinsam mit vorne Platz zunehmen, wird in der Regel nicht entsprochen. Und wenn, bemerkt man an diesen Menschen die ganze Zeit über ein gewisses Unwohlsein. Man ist gut beraten, ihnen nicht gleich mit direkten Fragen zu kommen. Man sollte sie, wie man so schön sagt, aus der Reserve locken und sie langsam ins Geschehen einbeziehen.

Die meisten sitzen in der Mitte, auch dann, wenn es eng werden kann. Das Spektrum der Deutungen ist hier sehr weit. Es beginnt, die Erfahrung habe ich gemacht, bei den Gleichgültigen und reicht bis zu denen, die ganz einfach nicht auffallen wollen. Oft findet man allerdings hier diejenigen, die eine manchmal als störend empfundene Rechthaberei an den Tag legen. „Vorne" trauen sie sich nicht, aber in der Anonymität der Mitte suchen sie die dauernde Bestätigung eigener Ansichten zum Thema bei den Nachbarn.

Menschliches „Revierverhalten" spiegelt sich auch in dem Phänomen wider, das ich in einem meiner Bücher „Distanzzonen" genannt und mit Durchschnittswerten beschrieben habe. Jeder hat mit dieser Tatsache schon irgendwann in seinem Leben Bekanntschaft gemacht. Wir kennen sie aus dem Tierreich: Wird die so genannte Fluchtdistanz eines Raubtieres beispielsweise vom Menschen unterschritten, kann er zu Recht annehmen, dass es ihn angreift.

Treten Sie einem fremden Menschen unerwartet zu nahe, werden sie bemerken, dass er sich bedrängt sowie unwohl fühlt und abwehrende Haltungen und Bewegungen registrieren. Und bemerken wir das nicht alle an uns selber, wenn wir in einer überfüllten Bahn vom Arbeitsort nach Hause fahren müssen? Hier wird selbst die intime Distanz (0 bis 60 cm), die jeder nur ganz wenigen Mitmenschen zugesteht, erheblich unterschritten. Für die persönliche Distanz habe ich 60 bis 120 cm, die gesellschaftliche 120 bis 300 und die allgemeine Distanz 300 cm und mehr Zentimeter genannt.

Was uns Raucher verraten

„Drei Wochen war der Frosch so krank,
Jetzt raucht er wieder, Gott sei Dank."

(Wilhelm Busch)

Hier folgt jetzt keine Diskussion über das Für und Wider einer Alltagserscheinung, die bei den Menschen unterschiedlichste Kontroversen auslösen kann. Ich bewege mich hier vollkommen im wertfreien Raum und möchte Sie nur mit einigen Beobachtungen vertraut machen, die jeder von uns, z. B. in den Pausen zwischen Seminaren, machen kann.

Da haben wir nämlich die Nichtraucher und die Raucher und um die Beobachtungen und Schlussfolgerungen im Zusammenhang mit Letzteren soll es mir gehen.

Interessant ist schon die Reaktion, wenn der eine den anderen um Feuer bittet. Da stellt sich zunächst der heraus, der prompt und ohne Umschweife in seine Hosentasche, Kollegmappe oder einen anderen Aufbewahrungsort greift. Der Ort ist hier vollkommen unwichtig, entscheidend ist die zielgerichtete Handbewegung. Es steht zu vermuten, dass diese Handbewegung einen zuverlässigen, ordnungsliebenden und korrekten Charakter offenbart. Dieser Mensch würde ganz wahrscheinlich nie ewig nach einem Kugelschreiber oder seinem Adressbuch suchen. Hier wird Übersicht demonstriert.

Ganz anders hingegen der, der auf die gleiche Bitte hin anfängt, regelrecht nervös in seinen Taschen oder anderen Utensilien zu suchen und zu wühlen. Das Ganze wird mit Bemerkungen wie „Moment, habe ich gleich ..." oder „Eben war es noch hier, Sekunde ..." unterlegt. So können sich Unpünktlichkeit, Unzuverlässigkeit oder eine gewisse Oberflächlichkeit verraten. Aber Vorsicht: Vermuten Sie an dieser Stelle nicht sofort Zerstreutheit bei Ihrem Gegenüber. Peter Falk macht als „Columbo" in einer bekannten amerikanischen Krimireihe hervorragend deutlich, dass ein solches Verhalten auch ganz bewusst an den Tag gelegt werden kann!

Sie werden im Alltag kaum noch jemanden antreffen, der sich seine Zigarette mit Streichhölzern anzündet. Da, wo es noch vorkommt, lassen sich zwei bemerkenswerte Beobachtungen machen, die entsprechende Schlussfolgerungen zulassen.

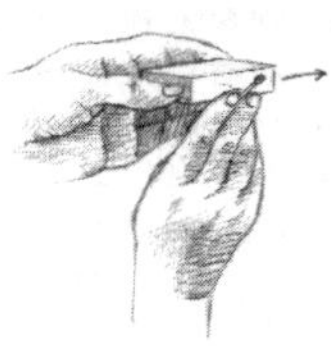

Menschen, die das Streichholz beim Anzünden von sich fort bewegen, gelten in der Regel als extrovertiert. Sie haben eine unkomplizierte Lebensphilosophie und stehen mit beiden Beinen auf dem Boden und im Leben.

Wer das Streichholz beim Anzünden auf sich zu bewegt, ist meistens introvertiert. Sie beschäftigen sich so intensiv mit sich selbst, dass sie häufig nicht wahrnehmen, was in ihrer Umwelt geschieht.

Als Kind habe ich immer meinen Großvater bestaunt, wenn er sich am Sonntag nach dem Essen eine gute Zigarre nahm und herrliche Kringel in die Luft blies. Im Laufe der Zeit konnte ich feststellen, dass Menschen auf unterschiedlichste Art und Weise ihren Zigarren- oder Zigarettenrauch von sich geblasen haben. Später begann ich zu durchschauen, dass das mit den Charaktereigenschaften dieser Menschen in einem Zusammenhang steht.

Für Menschen, die den Rauch nach oben blasen, kann man in der Regel eine optimistische Grundeinstellung zum Leben geltend machen. Probleme des Alltags oder des Berufslebens werden zwar nicht auf die leichte Schulter, aber auch nicht übermäßig ernst genommen. Solche Menschen sind bestrebt, dem Leben seine positiven Seiten abzugewinnen.

Menschen, die den Rauch nach unten blasen, glauben sehr oft, dass die Umwelt ihnen feindlich gesinnt ist. Sie sehen überall Gefahren und geben sich außerordentlich vorsichtig.

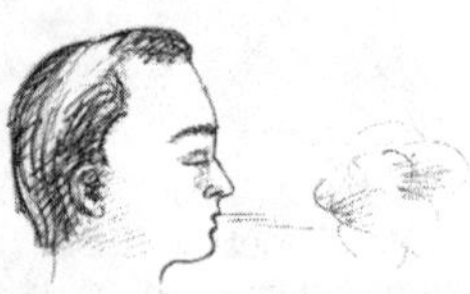

Menschen mit einem ausgeprägten Selbstbewusstsein blasen den Rauch ihrer Zigarette gerade aus. Da das auch dann geschieht, wenn sie sich in Gesellschaft befinden, steht ein gewisser Hang zu Rücksichtslosigkeit zu vermuten.

Man sieht es seltener, aber es gibt sie: Menschen, die den Rauch ihrer Zigarette seitwärts ausblasen. Sie gehören meistens zu denen, die nicht nur Pläne und Ziele haben, sondern alles daran setzen, sie auch zu verwirklichen.

Diese Art, den Rauch einer Zigarette in die Luft zu blasen, erinnert unwillkürlich an den Stier, der durch die Nüstern bläst. Und in der Tat, erfahrungsgemäß handelt es sich bei Menschen, die den Rauch durch die Nase blasen, um solche, die oft ein fast schon übersteigertes Selbstbewusstsein an den Tag legen und sehr geltungsbedürftig sind.

Der „paffende" Raucher könnte eigentlich jeden Tag mit dem Rauchen aufhören. Diese Menschen betrachten Rauchen erfahrungsgemäß als Statussymbol, dem sie sich unterworfen haben. Eine solche Einstellung kann man vielerorts in ihrem Leben vermuten.

Brennt die Zigarette, lässt zunächst die Art, wie sie von jemandem geraucht wird, eine Vielzahl von Schlüssen zu.

Da haben wir zunächst denjenigen, der sich ohne Eile und Hast seine Zigarette anzündet, um sie dann eben auch zu genießen: ruhige, gleichmäßige Züge und oft verbunden mit einem Blick, der den Rauchwolken hinterher wandert.

Es steht zu vermuten, einem „Kinästheten" gegenüberzustehen, der darüber hinaus nicht nur Genießer ist, sondern die Dinge abwägt und in aller Ruhe einschätzt, ehe er sein Urteil fällt.

Der „Visuelle" hingegen raucht hastig und verschluckt schon mal den Rauch, den er eigentlich nur inhalieren wollte. Fahrige Bewegungen zum Aschenbecher und häufiges Abstreichen der Asche fallen häufig auf. Man sollte meinen, an dieser Art zu Rauchen überhaupt innere Erregtheit, Unausgeglichenheit sowie Nervosität bemerken zu können.

Vielleicht kennen Sie jenen Typ, der seine Zigarette immer erst dann ausmacht, wenn andere ihm sagen, dass er inzwischen schon den Filter raucht. Man bemerkt auch eine besonders heftige Glut an der Zigarettenspitze. Hier kann man sich des Gefühls nicht erwehren jemanden vor sich zu haben, der keinen einzigen Zug verpassen möchte und das auch für viele andere Lebenssituationen geltend macht.

Im Sommer hören wir oft im Radio und Fernsehen Warnungen über bestehende Waldbrandgefahren. Wenn rauchende Autofahrer dennoch ihre Kippe bedenkenlos aus dem Fenster schnippen, haben wir den rücksichtslosen Typ vor uns, der sich auch sonst im Leben häufig recht leichtsinnig und unbedacht bewegt.

Wenn es nicht gerade aus Versehen passiert, ärgern wir uns zu Recht über Menschen, die ihre Zigarettenasche sozusagen hemmungslos auf die Tischplatte, den Fußboden oder gar den Teppich fallen lassen. Diese Gleichgültigkeit lässt nicht nur auf eine schlechte Erziehung, sondern auf Missachtung anderer schließen.

Dann fallen manchmal diejenigen auf, von denen man meint, sie haben die Haltung ihrer Zigarette mühsam einstudiert: Sie wirkt geziert und man kann sich des Eindrucks nicht erwehren, dass hier jemand raucht, der es eigentlich nicht will und über diese gekünstelte Haltung seine Abneigung dem Rauchen gegenüber zum Ausdruck bringt. Solche Menschen haben es im Leben häufig schwer, über ihren eigenen Schatten zu springen.

Darüber hinaus lässt die Art, die Zigarette zu halten, weitere Deutungen zu.

Menschen, die ihre Zigarette so in den Fingern halten, sind erfolgsorientiert und häufig bestrebt, über sich hinauszuwachsen. In ihrem Tatendrang wirken sie gelegentlich so heftig, dass die Art, die Zigarette zu halten, eine gewisse Nervosität oder Unruhe nicht verbergen kann.

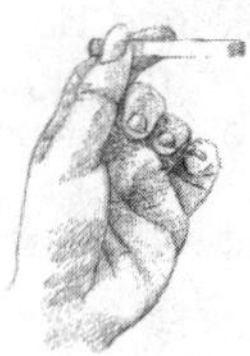

Wer seine Zigarette so hält, ist wankelmütig und flexibel zu gleich. Ansichten und Überzeugungen können rasch gewechselt werden, eingenommene Positionen werden nie lange beibehalten. Die Anpassungsfähigkeit solcher Menschen an neue Situationen ist erstaunlich.

Menschen mit einer guten körperlichen Konstitution halten ihre Zigarette meist so in den Fingern. Sie vertrauen auf ihre physischen Kräfte, sind alles andere als ängstlich und bringen so ihre bestehende unterschwellige Angriffslust zum Ausdruck.

Ist der intellektuelle Typ zugleich Raucher, kann man ihn an dieser Art, die Zigarette zu halten, erkennen. Diese Menschen leiden häufig unter Stimmungsschwankungen. Durch das gründliche Überdenken von Situationen und Gegebenheiten fällt es ihnen gelegentlich schwer, Entscheidungen zu treffen. Haben sie eine Position ergriffen, kann man davon ausgehen, dass sie wohldurchdacht ist.

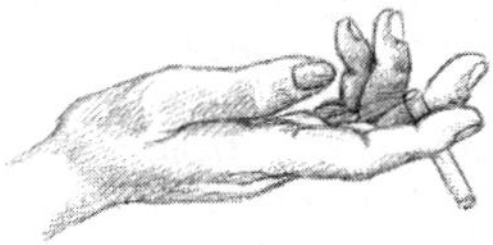

Diese Art, die Zigarette zu halten, spricht für eine Nachdenklichkeit und Besonnenheit, die weniger aus der Ratio und mehr aus der Irratio gespeist wird. Solche Menschen vertrauen auf ihr Gefühlsleben und treffen von hier aus in der Regel ihre Entscheidungen. Dadurch wirken sie gewissenhaft, besonnen und Vertrauen erweckend.

Sensible und empfindliche Raucher halten ihre Zigarette in der Regel so. Ihr Gefühlsleben unterliegt meistens ständigen Schwankungen, denen sie körperlich oft nicht gewachsen sind. So wirken sie häufig müde und abgespannt.

Menschen, die ihre Zigarette so halten, zeichnen sich erfahrungsgemäß durch einen intensiven Tatendrang aus, der keine Widerstände duldet und vor etwaigen Hindernissen keine Angst hat. Dennoch darf man nicht verkennen, dass ihren Handlungen gut durchdachte Strategien zu Grunde liegen. Sie wirken auf andere kämpferlsch.

Diese Art, die Zigarette zu halten, lässt den Eindruck entstehen, dass man jemanden vor sich hat, der andere, z. B. Nichtraucher, auf keinen Fall belästigen will. Im übertragenen Sinne lässt diese Haltung der Zigarette in der Hand auf Umsicht und Rücksichtnahme im Umgang mit anderen schließen.

Autofahren und Lebenseinstellungen

Das Lenken stellt den unmittelbarsten Kontakt eines Menschen mit seinem Auto her und gerade hier lassen sich hinsichtlich der ausgeführten Haltungen und Bewegungen die interessantesten Beobachtungen machen. Einige von ihnen habe ich ausgewählt und werde sie Ihnen samt Schlussfolgerungen im Folgenden vorstellen.

Menschen, die auch während längster Fahrten mit ihren Händen den oberen Halbkreis des Lenkrades festhalten, ohne dabei verkrampft zu wirken, haben erfahrungsgemäß eine sinnlich-heitere Lebensphilosophie, in deren Rahmen es durchaus möglich ist, die Auseinandersetzung mit anderen zu suchen.

Menschen, die ihre Hände vorrangig auf der unteren Hälfte des Lenkrades belassen, gehören in der Regel nicht zu den „Härtesten". Sie werden fast ausnahmslos jedes Geschwindigkeitslimit einhalten und lassen sich durch das ständige Überholen von anderen nicht aus der Fassung bringen.

Dieses verkrampfte Festhalten des Lenkrades erweckt den Eindruck, als wolle hier jemand die ganze Kraft seines Fahrzeug in sich aufnehmen. Menschen mit diesem Fahrstil gehören meistens zu denjenigen, denen Überholen oberstes Gebot ist. Sie fahren dabei meistens nicht gerade rücksichtsvoll und man sollte aufpassen, wenn man ihnen begegnet.

Liegen die Hände des Fahrers eng beieinander in der unteren Hälfte des Lenkrades, so kann man fast immer annehmen, dass sich hier eine gewisse Lässigkeit und Leichtigkeit offenbaren will. Es handelt sich fast immer um Menschen, denen Autofahren eigentlich nicht sehr viel bedeutet. Es gehört ganz einfach zu ihrem Alltag, der durch andere Dinge wesentlich gekennzeichnet ist: Kunst, Literatur sowie das Berufs- und Familienleben. Alle diese Dinge sind ihnen wichtiger. Es lässt sie gleichgültig, wenn sie von viel kleineren Autos überholt werden.

Auch ohne das bekannte „A" am Fahrzeug erkennt man an dieser Haltung meistens den Anfänger oder den, der sein Leben lang mit dem Autofahren seine Probleme hat. Der dabei stark nach vorn gebeugte Körper sucht regelrecht den Kontakt zur Straße, um Gefahren vorbeugen zu können. Darunter leidet eigentlich der ganze Fahrstil, der nicht selten zur Gefahr für andere werden kann.

Hier gibt sich der sorglose Fahrer zu erkennen, wobei er es mit seiner Sorglosigkeit nicht übertreiben sollte. Sie kann rasch in Unaufmerksamkeit und Leichtsinn umschlagen.

Die Bezeichnung „Manta-Fahrer" hat fast schon symbolischen Charakter und trifft hinsichtlich dieser Haltung am Lenkrad genau den Punkt. Irgendwo befindet sich die linke Hand im offenen Seitenfenster, das Auto wird nur mit der rechten gesteuert.

Wie steigen Sie aus Ihrem Auto ein und aus?

Woran es auch immer liegt, Männer steigen fast immer „gleich" aus dem Auto. Bei Frauen hingegen sieht das ganz anders aus. Wie gesagt, ich kann es nicht begründen. Vielleicht liegt es daran, dass Männer ein anderes Verhältnis als Frauen zum Auto haben. Letztere nehmen es nicht so ernst.

Frauen, die so aus dem Auto steigen, werden sofort bemerkt. Man sollte aber nie dem Irrtum verfallen, dass dies ausschließlich aus Absicht geschieht. Allzu oft geschieht es auch aus einer einfachen Gedankenlosigkeit heraus.

Diese Art des Aussteigens kann eine gewisse Zerstreutheit und Hilflosigkeit nicht verbergen. Vielleicht ist es auch Zeitdruck, der dazu zwingt, alle Gegenstände auf einmal auszuladen.

Diese Art des Aussteigens lässt vermuten, dass man hier einer Frau begegnet, die sich ihrer Reize und Schönheit bewusst ist und sie einzusetzen vermag. Ihre Entschlossenheit und Willensstärke erfahren so ihre besondere Unterstreichung.

Hier wird deutlich: „Zwei Seelen kämpfen, ach, in ihrer Brust!" Zum einen steht zu vermuten, mit dem Zeitgeist (Mode etc.) gehen zu wollen, der andererseits eigenen Überzeugungen irgendwie widerspricht. Andere Erfahrungen haben mir gezeigt, dass sich hinter dieser Art des Aussteigens eine gewisse Verträumtheit, aber auch Labilität verbirgt.

Frauen, die kein Problem mit ihrem Auto, aber auch keine im Leben haben, steigen vermutlich so ins Auto ein. Diese Art wirkt entschlossen und zupackend.

Der Mensch, der Stuhl und das Sitzen

Jeder von Ihnen kennt ihn: Den Menschen, dem es genügt, nur auf dem Stuhlrand zu sitzen. Dahinter verbirgt sich mehr. Man sollte meinen, dass es sich um ängstliche, vorsichtige Menschen handelt. Meistens sind sie sich ihrer selbst und der Situation, in der sie sich gerade befinden, nicht sicher.

An manchen Menschen fällt auf, dass sie nicht nur auf dem Stuhlrand, sondern auch noch weit nach vorn gebeugt sitzen. Sie halten sich mit beiden Händen an der vorderen Stuhlkante fest und vermitteln so den Eindruck von Hilflosigkeit. Sie suchen, obwohl sie sitzen, noch nach einem zusätzlichen Halt. So machen sich Nervosität und innere Unruhe bemerkbar. Irgendwie hat diese Sitzhaltung etwas Unterwürfiges an sich.

Menschen, die so Platz nehmen, vermitteln einerseits Selbstbewusstsein und Entschlossenheit. Aber ihr Zurücklehnen lässt vermuten, dass auch hier nach einem zusätzlichen Halt gesucht wird. So erscheinen Selbstbewusstsein und Entschlossenheit in einem ganz anderen Licht.

Menschen, die so sitzen, besitzen ohne Zweifel eine gehörige Portion aufrichtigen Selbstbewusstseins und vermitteln Tatkraft und Energie.

An Menschen, die so sitzen, vermutet man zunächst das Bedürfnis, sich zu entspannen.
Aber Vorsicht: Vielmehr liegen Selbstsicherheit und Überzeugung vom eigenen Persönlichkeitswert vor.

Der Händedruck als Schlüssel zum Charakter

der über-/untergeordnete Händedruck

Wenngleich die Besonderheit dieses Händedrucks in der anatomischen Beschaffenheit der jeweiligen Hände begründet ist, sollte man nicht die Augen davor verschließen, dass diese Art, sich die Hände zu geben, Rückschlüsse gestattet auf beide Beteiligte: Der eine weiß um die Größe seiner Hand und setzt sie wissentlich ein, um den anderen sozusagen zu vereinnahmen, ihm seine Überlegenheit mitzuteilen. Er greift mit der ganzen Hand zu und lässt zwangsläufig im anderen den Eindruck entstehen, sich in einer untergeordneten Position zu befinden. Seine Hand wird so fest umschlossen, dass ihr jegliche Bewegungsfreiheit abhanden kommt.

der unverbindliche Händedruck

Dieser Händedruck vermittelt den Eindruck gegenseitiger Unverbindlichkeit, die aber höflich und ein wenig bestimmt übermittelt werden soll.

der gleichgestellte Händedruck

Der Name sagt es schon: So begrüßen sich per Händedruck gleichgestellte Menschen, die um ihren jeweiligen persönlichen Wert und ihre soziale Stellung wissen. Dieser Händedruck hat nichts Hintergründiges an sich und wirkt offen.

der übereinkommende Händedruck

Menschen, die eine stillschweigende Übereinkunft geschlossen haben, besiegeln so ihr Abkommen. Die Stille des Händedrucks signalisiert, dass andere von dieser Übereinkunft vorläufig nichts zu wissen brauchen.

der aufgeschlossene Händedruck

Mit diesem Händedruck will der eine dem anderen auf herzliche Art und Weise mitteilen, dass er dessen Plänen, Absichten oder Zielstellungen offen gegenübersteht und ihn bei ihrer Verwirklichung aufrichtig unterstützen will.

der eiserne Händedruck

So geben sich Menschen die Hände, die von ihren unterschiedlichen Ansichten wissen. Durch diesen festen und eisernen Händedruck wollen sie sich gegenseitig mitteilen, auf keinen Fall von ihren Positionen abzuweichen.

der feste Händedruck

Diese Händedruck wird als angenehm empfunden, weil er von einem gesunden Selbstbewusstsein und der Achtung des anderen spricht. Dieser wird als gleichberechtigt betrachtet.

der kräftige Händedruck

Dieser Händedruck ähnelt in vielem dem festen, kann aber darüber hinaus in Abhängigkeit von der Stärke der Hand des einen die offene Freude über das endliche Zustandekommen eines lang gehegten Vorhabens bekunden.

Welche Schlafstellung bevorzugen Sie?

Embryonallage

Der Name dieser Schlaflage verrät es eigentlich schon: Wer so schläft, sucht Geborgenheit und Schutz. Hier hat sich ganz offensichtlich jemand noch nicht vollkommen „abgenabelt" und offenbart seine Suche nach Sicherheit. Wir können auf einen Menschen schließen, der ein in sich gekehrtes Wesen an den Tag legt und ein intensives Gefühlsleben hat.

Rückenlage

Diese Schlaflage hinterlässt beim Betrachter den Eindruck, dass hier jemand schläft, der jederzeit wieder aufwachen könnte. Hier kann man durchaus auf innere Unruhe, Unausgeglichenheit oder Nervosität schließen. Das Tagwerk ist noch nicht abgeschlossen.

Bauchlage

Diese Schlafstellung hat etwas Vereinnahmendes an sich. Und in der Tat, sie verrät vielen von uns, dass wir eigentlich „Ich-bezogener" sind als wir von uns selbst vermuten. Die Mehrheit aller Menschen nimmt im Laufe einer Nacht diese Schlafhaltung ein.

Seitenlage

Wer so liegt, wenn er nicht alleine schläft, gönnt dem anderen Platz und Raum auf der gemeinsamen Schlafstätte und ist in seinem Wesen rücksichtsvoll. Schläft jemand so auch allein, spricht dies von Bescheidenheit und Zurückhaltung.

Schlafen mit ausgestreckten Gliedmaßen

So schläft jemand, der über ein gesundes Selbstvertrauen verfügt und auch im täglichen Leben, im Wachsein, bestrebt ist, sein Selbstwertgefühl durch nichts beeinträchtigen zu lassen.

Ihre Aktivitäten – TUN

- Treten Sie vor einen Spiegel und betrachten Sie sich ganz genau! Deuten Sie Ihr äußeres Erscheinungsbild!
- Beziehen Sie in diese Deutungen Ihren Partner, Ihre Bekannten und Mitmenschen ein!
- Machen Sie Ihre eigenen Beobachtungen im Alltag und schreiben Sie sie auf!

Kapitel 2

Körpersprache ist analog

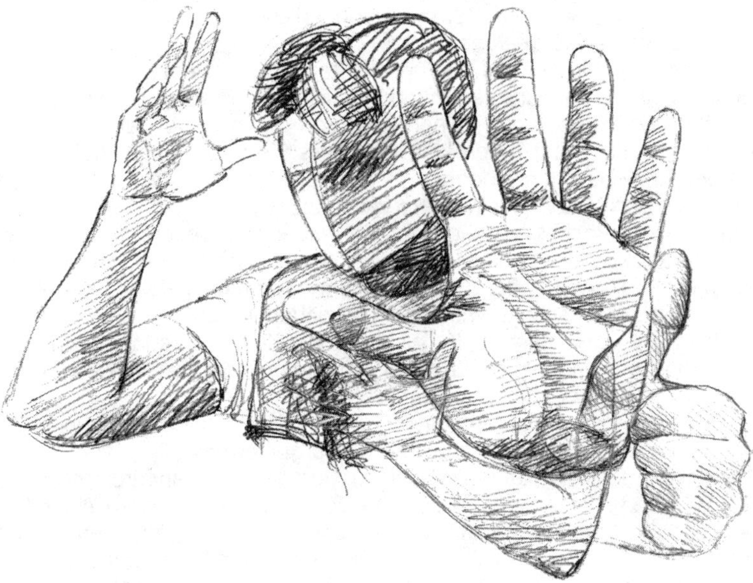

Die ganzheitliche Körpersprache

Wir alle kennen Formulierungen wie „wenn Blicke töten könnten ...", der „redet mal wieder mit Händen und Füßen ..." oder „er steht ganz offensichtlich über den Dingen".

Hinter diesen schon fast sprichwörtlich gewordenen Redensarten verbirgt sich etwas, was wir tagtäglich anwenden: Körpersprache.

Sie ist keine Fremdsprache, die Sie erst erlernen müssen. Ihre eigene Körpersprache ist nicht erlern- und kaum beeinflussbar. Sie beherrschen sie seit Ihrer Geburt. Körpersprache wird, wenn es sich nicht um große theatralische Mimik und Gestik handelt, unbewusst gesteuert und wahrgenommen. Ja, wir haben sie so verinnerlicht, dass wir manchmal zur Körpersprachlosigkeit neigen.

Wir nehmen ein Beispiel. Sie unterhalten sich, reden, reden und reden. So richtig schön im Fluss bemerken Sie nicht, wie Ihr Gegenüber zwar unauffällig, jedoch bestimmt seinen Kopf von Ihnen abwendet. Spätestens an dieser Stelle sollte Ihnen klar sein, dass Sie jetzt keinen Dialog mehr führen, sondern einen Monolog. Mehr noch, Ihr „Gesprächspartner" hat Ihnen mit den Mitteln der Körpersprache inzwischen wortlos eine Missbilligung ausgesprochen, die sie, falls Sie immer noch reden, nicht verstanden haben. Zumindest hier legen Sie Körpersprachlosigkeit an den Tag, die manchmal unabsehbare Folgen für Ihre Kommunikationsfähigkeit und die Gestaltung zwischenmenschlicher Beziehungen haben kann.

Weil wir Körpersprache, also nicht verbale Kommunikation, in unserem Alltag meistens unbewusst, unwillkürlich und unkontrolliert einsetzen, verkennen wir eine ihrer wichtigsten Merkmale.

Im Gegensatz zu unseren gesprochenen Worten – denn hier können wir lügen – ist Körpersprache sehr ehrlich und glaubwürdig.

Körpersprachliche Signale senden wir aus, wenn wir anderen Menschen auf der Straße begegnen. Stellen Sie sich vor, Sie stehen an einer Bushaltestelle in einer Großstadt. Mit Ihnen warten andere Personen. Sie alle senden und empfangen Signale, ohne sich dessen bewusst zu sein. Mit dem Körper sprechen wir alle, ohne diese Sprache jemals gelernt zu haben.

Wir signalisieren auch, wie weit jemand an uns herankommen darf. Wir senden Signale, wenn unsere Reviergrenzen überschritten werden: Haben Sie schon einmal erlebt, dass Ihnen beim Einkaufen eine fremde Person von vorn sehr nahe kam? Wie haben Sie sich dabei gefühlt? Sie gingen einen Schritt zurück? Das ist eine Möglichkeit, sich weniger bedrängt zu fühlen. Haben Sie keine Ausweichmöglichkeiten, so sendet Ihr Körper Signale, die bedeuten sollen „Bis hierhin und nicht weiter!" Das können bereits Ihre Augen sagen. Wenn das nicht reicht, spiegelt sich in Ihrem Gesicht der Unwille wider. Bei sehr unaufmerksamen Zeitgenossen müssen

Sie vielleicht sogar die Hände zur Abwehr heben. Anders, wenn sich jemand seitlich nähert. Dann darf eine fremde Person näher an uns herankommen. Den Raum hinter uns beanspruchen wir nur in einem geringen Ausmaß. Unsere Reviergrenzen dehnen sich nach vorn weiter aus.

Im Gedränge setzen wir die Taktik ein, dass wir die fremden Menschen um uns herum ignorieren. Wir ziehen uns in uns selbst zurück.

Beobachten Sie einmal bewusst das Verhalten fremder Menschen, wenn Sie frontal auf sie zugehen! Oder wenn sich bei einer Party Gesprächsgruppen bilden. Stehen sich die Partner frontal gegenüber, dann weiß jeder, sie wollen unter sich bleiben. Es wäre unangebracht, sich in das Gespräch einzumischen. Stehen die Menschen im stumpfen Winkel zueinander, dann sind sie offen für weitere Gesprächspartner. Sie wären also gegebenenfalls willkommen.

Dem gesprochenen Wort, das mit dem Tonfall und der körperlichen Ausdrucksweise nicht übereinstimmt, werden Sie keinen Glauben schenken. Und das mit Recht! Fehlen bestimmte Signale ganz, sind Sie wahrscheinlich verunsichert.

Es wird nicht nur ein einzelnes Signal sein, das wir beobachten. An einem einzigen Signal können wir uns nicht orientieren. Es gehören weitere Signale dazu, um Schlussfolgerungen über Absicht oder Stimmung zu ziehen.

Stellen Sie sich folgende Situation vor: Sie sitzen mit Ihrem Partner am Frühstückstisch. Er hat sich hinter der Morgenzeitung verkrochen. Mit dem Zeigefinger weist er auf die Mitte des Tisches. Sie sind ratlos, denn Sie können ihn hinter der Zeitung nicht sehen. Ohne weitere Informationen können Sie nicht herausfinden, was er wünscht, denn auf der Tischmitte ist Verschiedenes angeordnet. Mit Ihrem fragenden Blick erreichen Sie so lange nichts, bis die „Zeitungsbarriere" vom Tisch verbannt wird. Dann kann die Verständigung wieder fast ohne Worte klappen.

Betritt jemand einen Raum, in dem mehrere Personen versammelt sind, und ist vollkommen außer Atem, so bringt der- oder diejenige eine störende Unruhe mit sich.

Der Klang der Stimme kann für einen Menschen einnehmen, wenn sie angenehm klingt. Spricht jemand sehr zaghaft oder brüllt polternd los, so mag das am geringen Selbstwertgefühl der Person liegen. Wer leise und hoch spricht, traut sich nicht, wer poltert, der hat zu viel Anlauf genommen und überspielt damit sein Problem. In jedem Fall nehmen wir erst einmal innerlich einen gewissen Abstand ein, weil auch diese Person unbewusst auf einen Sicherheitsabstand aus ist.

Im Laufe eines Gesprächs fallen Ihnen bei Formulierungen meist nur sehr gekonnte Rhetorik oder, entgegengesetzt, eine fehlerhafte Grammatik auf. Das Normale registrieren Sie kaum bewusst. Bedient sich jemand jedoch der vulgären Sprache, könnten Sie sich abgestoßen fühlen und möchten das Gespräch so schnell es geht beenden.

Kommt jemand mit einer „Leichenbittermiene“ auf Sie zu, dann gehen Sie der Person unbewusst lieber aus dem Wege. Es sei denn, es ist ein enger Freund oder eine enge Freundin, den oder die Sie nach dem Grund des Kummers fragen werden.

Auch unsere momentane Stimmung drückt sich in der Körpersprache aus. Sind Sie durch einen Misserfolg niedergeschlagen, dann hängen Ihre Schultern und Sie senken den Kopf meist nach unten. Ihre Bewegungen sind langsamer als sonst. Ihre Gesichtszüge sind hängend, Ihr Blick glanzlos. Ihrer Stimme fehlen der Schwung und die Kraft.

Jetzt aber sind Sie fröhlich: Eine gute Nachricht könnte Ihre Stimmung schlagartig aufgebessert haben. Ihr Körper strahlt nun Spannkraft aus. Ihre Schritte werden leicht und beschwingt. Ihre Augen und Ihr Gesicht strahlen gleichermaßen. Alles, was Sie anpacken, fällt Ihnen leicht. Ihre Fröhlichkeit wirkt auf Ihre Mitmenschen ansteckend. Jeder Passant, der Ihnen auf dem Gehweg entgegenkommt, schaut Sie freundlich an.

Was aber, wenn kein positives Signal von außen kommt, weil Sie allein sind oder nur mit der Person zusammen, die für die negative Stimmung mitverantwortlich ist?

Verändern Sie zuerst einmal Ihre Körperhaltung. Straffen Sie Ihre Haltung und heben Sie das Kinn ein wenig. Nach geraumer Zeit spüren Sie, dass sich mit Ihrer eingenommenen äußeren Haltung auch Ihre innere verändert. Lächeln Sie sich im Spiegel an! Auch so können Sie Ihre Stimmung aufbessern, wenn Sie eine ganze Weile bewusst lächeln.

Sehen Sie sich ungerechtfertigten und böswilligen Angriffen ausgesetzt, so heben Sie das Kinn noch ein wenig höher und schließen den Mund. Die analoge Symbolik, die hinter dieser Gestik und Mimik steht, bedeutet: Ich schlucke dies nicht. Es (be)trifft mich nicht und geht an mir vorbei, gleitet ab. Ihre äußerlich gezeigte stolze Haltung nimmt auch Ihr Inneres ein.

Mit Ihrer inneren Einstellung ändert sich auch gleichzeitig Ihre Wahrnehmung. Beobachten Sie einmal zwei Menschen, die sich miteinander unterhalten! Sie können im wahrsten Sinne des Wortes erkennen, wie sie zueinander stehen. Wollen sie in ihrer Unterhaltung nicht gestört werden, dann stehen sie frontal zueinander. Halten sie Blickkontakt beim Sprechen? Nickt der Zuhörende gelegentlich zustimmend? Berühren sie sich hin und wieder körperlich?

Sitzen die Gesprächspartner, dann können Sie Ihre Aufmerksamkeit auf weitere Einzelheiten richten. Neigen sich die Oberkörper zueinander? Hat einer der Partner die Arme vor dem Körper verschränkt und lehnt sich zurück? Haben sie die Beine übereinander geschlagen, zeigen dann die Knie zueinander oder voneinander weg?

Sie werden, wenn Sie bewusst hinschauen, bei anderen Menschen mehr entdecken, als Sie sonst wahrgenommen haben. Sie müssen es sich vornehmen, auf diese Einzelheiten zu achten.

Noch einmal: Anhand der Körpersprache können Sie analog auf die innere Befindlichkeit des anderen schließen. Körpersprache ist analog – analog (entsprechend) zu Ihrer inneren Gefühlswelt. Körpersprache wird als Ganzheit wahrgenommen und ergibt erst so ein Bild. Die Gefühle, die die inneren oder aufgenommenen Bilder hervorrufen, strömen als Energie durch unseren Körper. Als Gefühle können wir nur unsere eigenen spüren. Doch die damit verbundene Energie fließt durch den Körper. Sie wird in Körpersprache umgewandelt. Die Situation, der ausgesendete oder empfangene Reiz, Mimik, Gestik, die verkörperte Rolle, Sprache, Tempo der Sprache und Bewegungen und der Geruch des Menschen beeinflussen die Wahrnehmungen.

Die Interpretation erfolgt ebenfalls analog. Die Körperhaltung eines Menschen, seine Gestik, Mimik sowie seine Sprechweise signalisieren diese Befindlichkeit, seine Gefühle. Sie können niemals die Gefühle eines anderen Menschen fühlen. Sie können sie aber anhand der Körpersprache deuten. Einige dieser unbewussten Botschaften unserer Befindlichkeit wollen wir im Folgenden aufzeigen.

Womöglich werden Sie sich wundern, dass Sie gelegentlich Dingen begegnen, die Sie im vorangegangenen Kapitel schon einmal gelesen haben, Aussagen z. B. zum Sitzen, den Falten der Stirn und den Händen. Ich bin der Meinung, dass das seine Berechtigung hat. Zum einen müssen wir bedenken, dass sich gewisse Energien unseres Körpers über die Zeitdauer von Jahren hinweg in unserem Äußeren soweit somatisiert haben, dass sie uns immer wieder auffallen, unabhängig z. B. von jeweiligen Situationen. Andererseits will gerade Körpersprache verdeutlichen, dass sich unser Körper kurzzeitig gewissen Gegebenheiten und Situationen unbewusst anpasst und sie so erlebt. In diesem Zusammenhang beobachten wir dann an anderen über die Körpersprache zeitlich begrenzte Befindlichkeiten mit einer entsprechenden Signalwirkung.

Körpersprachliche Signale und ihre analoge Deutung

Die Kopfhaltungen und -bewegungen deuten

„Wer wird denn gleich den Kopf hängen lassen ..."

(Redensart)

der erhobene Kopf

Der erhobene Kopf spricht von einem natürlich gesteigerten Selbstwertgefühl auf Grund einer Situation, die beherrscht und souverän überblickt wird. Im Hintergrund steht eine innere Sicherheit, die sowohl ein selbstständiges Urteilsvermögen als auch eine ausgeglichene und stabile Gefühlslage umgreift. Hier will nichts verborgen werden, im Gegenteil: Diese Kopfhaltung drückt sowohl Stolz auf Geleistetes als auch Durchsetzungskraft und Entschlossenheit angesichts zu bewältigender Aufgaben aus. In beiden Fällen begleitet sie eine optimistische Grundhaltung und signalisiert ein Bewusstsein um den eigenen Stellenwert. Wird diese Kopfhaltung über einen größeren Zeitraum hinweg beibehalten und in übertriebener Form an den Tag gelegt, schließt man nicht zu Unrecht auf eine gewisse Überheblichkeit oder zumindest bewusst artikulierte Unnahbarkeit.

der gesenkte Kopf

Diese Kopfhaltung spricht von momentaner Hoffnungslosigkeit und einem abhanden gekommenen Selbstvertrauen. Hier kann jemand eine gegebene Situation ganz offensichtlich nicht bewältigen, ist resigniert und von Schmerz, Trauer sowie Enttäuschung überwältigt. Der Kopf wird aber auch gesenkt gehalten, wenn die innere Befindlichkeit von Schuldgefühlen überschattet ist. Diese Kopfhaltung kann gleichfalls Demut und Bereitschaft zur Unterordnung offenbaren oder das Gefühl der Bedrohung zum Ausdruck bringen. Nicht vergessen werden sollte, dass der, der den Kopf senkt, womöglich intensiv nachdenkt oder in sein Inneres versenkt ist.

der nach rechts geneigte Kopf

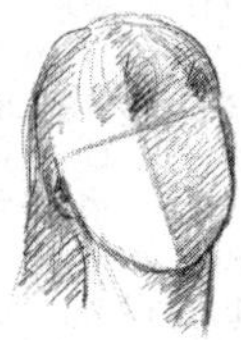

Neigt jemand im Gespräch den Kopf nach rechts, haben wir damit zu rechnen, dass das von uns Gesagte nicht ohne weiteres hingenommen wird. So bringen sich Skepsis, Zweifel, wenn nicht gar Argwohn oder Misstrauen ins Spiel. Im Hintergrund steht womöglich die Tatsache, noch wenig Überblick zu haben und mehr Informationen sowie Fakten zu benötigen, um das Bild einer Situation abzurunden.

der nach links geneigte Kopf

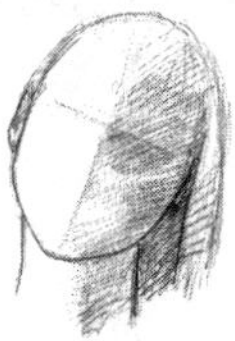

Will jemand auf uns zukommen, sich uns mitteilen, hält er häufig den Kopf nach links geneigt. Er signalisiert Gesprächsbereitschaft und ist gleichzeitig gewillt, anderen zuzuhören. Weiterhin besteht die Möglichkeit, aus dieser Kopfhaltung eine besondere Art des Nachgebens herauszulesen: Eigene Interessen werden vorübergehend in den Hintergrund gestellt, um andere zum Zug kommen zu lassen, ohne dabei eigene Positionen aufzugeben. In jedem Falle werden so Aufgeschlossenheit, Unvoreingenommenheit und Sympathien nonverbal unterstrichen.

der abgewandte Kopf

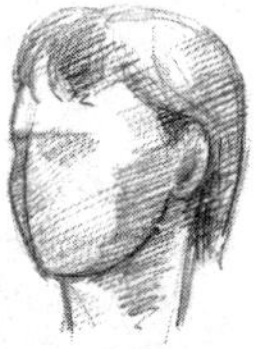

Angesichts dieser Kopfhaltung sollte man sich nicht allzu viel Hoffnung machen: Hier wird unmissverständlich eine ablehnende Haltung gegenüber dem Gesagten usw. zum Ausdruck gebracht, die nicht so schnell auszuräumen ist. Sie hat sich irgendwie verinnerlicht und spricht von Interesselosigkeit, Zurückweisung oder Verweigerung. Will jemand anderen seine Missachtung mitteilen, hält er häufig den Kopf abgewandt und unterstreicht so wortlos seine Missbilligung.

der zurückgeworfene Kopf

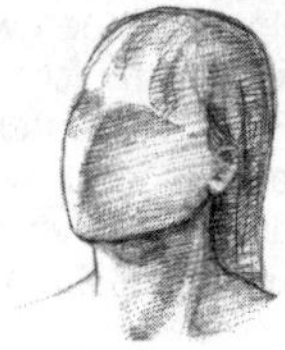

Wer den Kopf nach hinten wirft, schafft von vornherein Distanz zum anderen und ist sich im Bewusstsein um seine Dominanz sicher, jedenfalls aus eigener Sicht. Es besteht durchaus die Möglichkeit, dass eine so zur Schau getragene Überlegenheit unter Umständen vorhandene Unsicherheiten verbergen will. Vor dem Hintergrund wirklicher stabiler Geistes- und Gefühlslagen jedoch kann der zurückgeworfene Kopf die Bereitschaft zur Annahme einer Herausforderung mitteilen und Konfliktbereitschaft signalisieren.

der zugewandte Kopf

Hier will sich Glaubwürdigkeit einbringen. Der zugewandte Kopf spricht von Offenheit und Ehrlichkeit sowie einem starken Interesse an anderen oder aufrichtiger, emotionaler Anteilnahme am Geschehen. Diese Haltung teilt Gesprächsbereitschaft mit, der Zuhörer ist darüber hinaus an der gegebenen Situation innerlich beteiligt.

der nickende Kopf

Auf diese Kopfbewegung trifft man häufig in prüfungsähnlichen Situationen: das von anderen Gehörte erfährt so seine Anerkennung und Bejahung. Wortlos soll der andere ermutigt werden, seine Positionen und Ansichten vorzutragen, denn man bringt ihm ganz offensichtlich Verständnis entgegen. Hier wird Zustimmung signalisiert, die gleichzeitig als Aufforderung verstanden werden kann und mir sagt: Du bist auf dem richtigen Weg!

der pendelnde Kopf

Hier kommt körpersprachlich das Gegenteil zum Ausdruck. Es werden Zweifel signalisiert, wenn nicht gar die Überzeugung von der Falschheit des Gesagten. Auf alle Fälle spricht diese Kopfbewegung von einem nicht zu übersehenden Misstrauen in die bestehende Situation. Man fühlt sich unwohl.

Die Falten der Stirn – Furchen der Seele

„Eines Menschen Tun und Wesen
An der Stirne ist's zu lesen ..."

(Sprichwort)

die senkrechten Stirnfalten

Zeigen sich diese Falten vorübergehend auf der Stirn eines Menschen, ist anzunehmen, dass er seinen Entschluss, etwas zu tun, unterstreichen will. Darüber hinaus sprechen diese Falten von momentanen körperlichen oder geistigen Anstrengungen, vielleicht auch von der Tatsache, dass sich hier jemand echt selbst übertroffen hat. Versteinert sich über diese Falten ein Gesicht, sind ohne Zweifel Zorn, Wut oder innere Erschütterung im Spiel. Es besteht auch die Möglichkeit, dass sich die Stirne dann in senkrechten Falten zusammenzieht, wenn man sich in einer gegebenen Situation unwohl fühlt und seine Unzufriedenheit so zum Ausdruck bringt.

die waagerechten Stirnfalten

Wenn jemand sein generelles Unverständnis dem Denken oder Handeln anderer mitteilen will, zieht sich die Stirn in waagerechte Falten. Allerdings kann das auch dann geschehen, wenn man sich sehr ängstigt oder durch ein plötzlich eintretendes Ereignis erschrocken wird. Sowohl angenehmes Erstaunen als auch unangenehme „aha-Erlebnisse" können sich so mitteilen.

die senkrechten und waagerechten Stirnfalten

Mit diesen Stirnfalten teilt sich in der Regel eine seelische Befindlichkeit mit, die momentan einem Chaos gleicht und alles andere als ausgeglichen ist. Da die Folgen im Umgang mit anderen nur schwer vorauszusehen sind, kann man hier sowohl mit Gereiztheit, Nervosität, unsachlichen Reaktionen als auch Hilflosigkeit oder Anzeichen von Überfordertsein rechnen. Auf jeden Fall sprechen diese Stirnfalten von einer ausgesprochenen Ratlosigkeit.

Die Augen – Spiegel der Befindlichkeit

„Die Augen, die matten Fenster der Seele, sagen viel über den menschlichen Geist."

(William Blake)

die aufgerissenen Augen

Aufgerissene Augen sprechen für ein starkes Interesse an anderen, ja, sie können eine unschwer zu erkennende Bewunderung für deren Gedanken und Handlungen zum Ausdruck bringen. Hoffnungen und Erwartungshaltungen können auf diese Weise widergespiegelt werden. Gleiches gilt für erfüllte Wünsche und die Freude darüber. Diese Augen können andererseits davon sprechen, dass sich angesichts bestimmter Ereignisse Angst breit macht, dass man sein Entsetzen mitteilen will, aber auch davon, dass man sich direkt bedroht fühlt.

die normal geöffneten Augen

Schaut man in solche Augen, kann man zu Recht auf Glaubwürdigkeit und Offenheit schließen. Mit diesen Augen tritt man an andere unvoreingenommen und vorurteilsfrei heran, signalisiert Aufgeschlossenheit und Aufmerksamkeit. Sie bekunden eine innerliche Teilnahme am Geschehen.

die verhängten Augen

Diese Augen sprechen für Langeweile und Gleichgültigkeit dem Geschehen gegenüber. Hier geht momentan das Leben an jemandem vorbei. Unter Umständen kann die Gefühlslage des Betreffenden so weit aus dem Gleichgewicht geraten sein, dass Resignation und eine zumindest zeitweilige Preisgabe des eigenen Selbstwertgefühls die Oberhand gewinnen. Es kann deshalb nicht verwundern, dass diese Augen von einer gewissen Selbstisolation sprechen, die bewusst den Kontakt zu anderen scheut oder zu vermeiden sucht.

die geschlossenen Augen

Sie bringen zunächst eine Steigerung des oben Gesagten zum Ausdruck. Die Geschlossenheit dieser Augen symbolisiert körpersprachlich die Abgeschlossenheit eines Ichs von seinen Mitmenschen und der Welt. Im übertragenen Sinne wird hier so verfahren, wie wir es vom Vogel Strauß kennen: Man glaubt, nichts zu sehen, und deshalb auch nicht gesehen zu werden.

Man sollte sich auf diese Deutung nicht festlegen. Häufig kommt es vor, dass jemand, der die Augen geschlossen hält, urplötzlich und unerwartet in Diskussionen eingreift und sehr gezielte Fragestellungen aufwirft. Dann sprechen diese Augen für jemanden, der äußerst aufmerksam das Geschehen verfolgt hat und sich lediglich durch nichts in seinen Überlegungen ablenken lassen wollte. Übrigens hält auch der häufig die Augen geschlossen, der sich dem vollen Genuss äußerer Eindrücke hingibt. Man kann das sehr oft in Konzertsälen beobachten.

die einseitig zugekniffenen Augen

Hier wird der verstandes- oder gefühlsmäßige Gleichklang mit anderen signalisiert. Eine im Stillen und Verborgenen getroffene heimliche Übereinkunft bringt sich so andeutungsweise an die Öffentlichkeit.

die zugekniffenen Augen

In der Hauptsache kneift man beide Augen zu, wenn man seine Unzufriedenheit nicht nur mit der Umwelt, sondern auch mit sich selbst zum Ausdruck bringen will und sich irgendwie unwohl fühlt. Diese Augen können daher auch Ausdruck körperlicher wie seelischer Schmerzen sein. Sie sprechen bedrückende Gedanken und Vorstellungen aus. Häufig sind sie aber auch das Spiegelbild äußerster geistiger Konzentration und der Absicht, eine größtmögliche Anzahl von Eindrücken zu verarbeiten.

die schlitzartig verengten Augen

Wer so in die Welt schaut, will wissentlich und damit vorsätzlich das Selbstwertgefühl seiner Mitmenschen in Frage stellen. Diese Augen strahlen häufig übertriebenes Misstrauen aus. Schlitzartig verengte Augen sprechen für jemanden, der anderen von vornherein schlechte Absichten unterstellt und deshalb in seinem Umgang mit ihnen äußerste Vorsicht und Zurückhaltung an den Tag legt.

Wenn Blicke „töten" könnten

„ ... oft liegen Stimme und Worte in einem schweigenden Blick."

(Ovid)

der gerade Blick

Dieser Blick ist Ausdruck von Geradlinigkeit, Aufrichtigkeit sowie Festigkeit im Denken und Handeln. Über diesen Blick teilen sich uneingeschränktes Interesse und Hilfsbereitschaft mit. Man kann ihm unvoreingenommen und vorurteilsfrei begegnen, denn er offenbart die gleichberechtigte Anerkennung des anderen und seines Selbstwertgefühls, das hier nicht in Frage gestellt werden will. Mit dem geraden Blick wird der des anderen ausgehalten, weil man nichts zu verbergen hat. Er strahlt Glaubwürdigkeit aus.

der ausweichende Blick

Mit diesem Blick will man ganz offensichtlich ein verunsichertes Selbstbewusstsein angesichts einer gegebenen Situation signalisieren. Womöglich wird auch die angenommene eigene Unterlegenheit anderen gegenüber zum Ausdruck gebracht. Auf jeden Fall will dieser Blick „ausweichen", weil der, der so schaut, sich in einer für ihn unangenehmen Lage befindet, die er aus eigener Kraft nicht verarbeiten kann. Dieses Eingeständnis momentaner Schwäche soll natürlich auf diese Weise vor anderen Menschen verborgen gehalten werden. Dieser Blick kann auch durch ein Schuldgefühl verursacht werden.

der Blick von oben herab

Manchmal spricht der Blick von oben herab von berechtigtem Stolz, in der Regel aber signalisiert er Überheblichkeit, Arroganz und Hochmut. Unmissverständlich will dann das Bewusstsein um die eigene Überlegenheit anderen gegenüber zum Ausdruck gebracht werden. Hiermit verbindet sich die bewusst vorgetragene und in Kauf genommene Geringschätzung anderer Menschen.

der Blick von unten

Auch hier steht zunächst zu vermuten, dass sich uns über diesen Blick mangelndes Selbstvertrauen und Zweifel am eigenen Selbstwertgefühl mitteilen. So drücken sich Minderwertigkeits- und Schuldgefühle aus. Im schlimmsten Fall signalisiert dieser Blick Selbstaufgabe, Ergebenheit in das eigene Schicksal und eine gewisse Unterwürfigkeit. Andererseits besteht die Möglichkeit, dass mit diesem Blick eine ablehnende Haltung anderen gegenüber unterstrichen werden soll.

der wandernde Blick

Über diesen Blick teilt sich häufig der Wunsch nach Kontaktaufnahme mit. Nicht selten verbirgt sich hinter diesem unruhig wirkenden Blick das Verlangen, so viel wie möglich an einer Situation oder Gegebenheit wahrzunehmen. Dann spricht er für Neugier, Interesse oder starke sinnliche Aufnahmebereitschaft.

der seitliche Blick

Wer so sein Gegenüber anschaut, will ganz offensichtlich den direkten Blickkontakt vermeiden. Die Ursachen hierfür können verschieden sein. Es besteht die Möglichkeit, dass es sowohl aus eigener Unsicherheit oder Selbstzweifel heraus geschieht, als auch aus der Absicht, eine momentane Befindlichkeit verdeckt zu halten, um nicht durchschaut zu werden. Des Weiteren können Verlegenheit und Schüchternheit hinter diesem Blick vermutet werden, der übrigens auch dann auftritt, wenn jemand einer Tatsache verständnislos gegenübersteht.

der fixierende Blick

Dieser Blick will andere einer kritischen und prüfenden Betrachtung unterziehen. Man kann sich des Eindrucks nicht erwehren, dass dieser Blick nicht gewillt ist, an der Erscheinung stehen zu bleiben. Hier besteht ganz offensichtlich die Absicht, Wesentliches zu erfassen, mehr in Erfahrung zu bringen, als das äußere Erscheinungsbild hergibt. So gesehen, verweist dieser Blick auf die nonverbale Unterstreichung von Erkenntnisdrang und Wissensdurst, kann aber auch Ausdruck von Zweifel und Skepsis, momentanem Unglauben sein.

der unruhige Blick

Hier handelt es sich um eine eindeutige nonverbale Widerspiegelung körperlicher als auch seelischer Unausgeglichenheit. Viel deutlicher kann sich die Unzufriedenheit eines Menschen mit einer äußeren Situation oder inneren Befindlichkeit nicht zu erkennen geben.

der lebhafte Blick

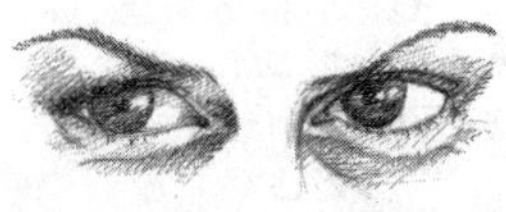

Zunächst einmal signalisiert dieser Blick geistige Aufgeschlossenheit und spricht von der Bereitschaft, auch eine Vielzahl sinnlicher Eindrücke aufzunehmen. Er strahlt ein äußerst vielseitiges Interesse an einer gegebenen Situation aus und artikuliert Unternehmungslust sowie Handlungsbereitschaft.

der schmachtende Blick

Mit diesem Blick „himmelt" jemand sein Gegenüber an. Hier wird tiefe Zuneigung, vielleicht auch Verehrung signalisiert. In den meisten Fällen strahlt dieser Blick die Bereitschaft zur seelischen, aber auch körperlichen Hingabe aus.

der lauernde Blick

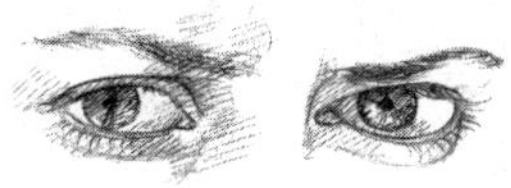

Dieser Blick lässt nichts Gutes erhoffen. Man kann sich des Eindrucks nicht erwehren, dass der, der so schaut, regelrecht auf einen Anlass wartet, um z. B. einen bereits vorprogrammierten Streit nun endlich zu entfachen oder eigenen Frust abzureagieren.

der ablehnende Blick

Mit diesem Blick können eine Vielzahl negativer Botschaften versendet werden, die in ihrer Zusammenfassung sagen wollen: Dich kann ich nicht leiden, du bist mir egal, oder: Es wäre am besten, wenn du mir in Zukunft aus dem Weg gehen würdest, es hat wirklich keinen Sinn, dass du dich um mich bemühst.

der schräge Blick

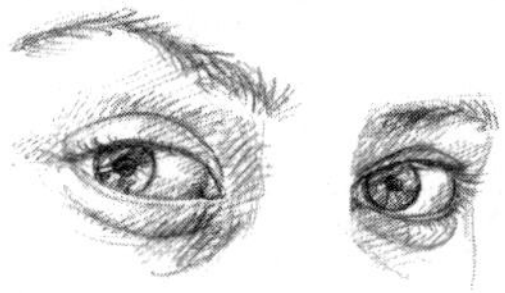

Wer diesen Blick auflegt, signalisiert eine hintergründige und heimliche Neugier. Man will sehen, ohne dass es von anderen bemerkt wird.

der freche Blick

Diesem Blick kann man nur selten standhalten und darin besteht auch sein Sinn: Mit ihm sollen andere eingeschüchtert werden und sie werden nicht als gleichberechtigt betrachtet.

Die Nase sagt's ...

„ ... wer die Nase hart schneuzt, zwingt Blut heraus; und wer den Zorn reizt, zwingt Hader heraus."

(König Salomo)

die gerümpfte Nase

Diese Nase bringt Antipathien der unterschiedlichsten Art zum Ausdruck und spricht für momentane Unlust, Unbehagen sowie Widerwillen. Es können sich Gefühle zeigen, die von Abscheu, Unappetitlichkeit oder gar Ekel sprechen. Alles in allem ist hier von Unzufriedenheit die Rede, wobei diese sich gegen andere, aber auch auf sich selbst beziehen kann.

die bebende oder zitternde Nase

Auch Menschen, die sich ansonsten gut beherrschen können, sieht man zumindest an ihren bebenden Nasenflügeln die innere Erregung an. Diese kann in Wut, Zorn, Ärger oder großer Enttäuschung ihre Ursachen haben oder auf unterdrückte Empörung hinweisen.

die aufgeblähte Nase

Diese Nase will die eigene Sinnlichkeit unterstreichen oder offenbart, dass etwas als sehr angenehm empfunden wird. Freude, Spaß, Erfüllung oder Selbstzufriedenheit können sich so artikulieren. Mitunter geschieht es, dass eine solche Nase angesichts zu erwartender sinnlicher Eindrücke oder deren Gegenwart auffällt.

… der Mund verschweigt's

„mit dem Mund reden, ohne ein Wort gesagt zu haben …"

(Redensart)

der offene Mund

Der offene Mund spiegelt erfahrungsgemäß Überraschung oder Angst angesichts eines unerwartet eingetretenen Ereignisses wider. Es besteht weiterhin die Möglichkeit, ihn als Ausdruck allgemeinen Erstaunens zu deuten.

der betont geschlossene Mund

Wenn jemand eine schwierige Überlegung oder körperlich anstrengende Handlung zu Ende gebracht hat, kann er das mit dem betont geschlossenen Mund seinen Mitmenschen mitteilen. Diese Mimik zeigt sich auch dann, wenn man unter allen Umständen sein Schweigen nicht brechen und andere auf diese Tatsache aufmerksam machen will. Auf jeden Fall bringen sich so körperliche oder seelische Anspannungen ins Spiel, die man momentan für sich behalten und anderen nicht mitteilen will.

der geschlossene Mund

Dieser Mund spricht wortlos von einer eingetretenen inneren Ruhe und Ausgeglichenheit, die ganz offensichtlich für den Augenblick beibehalten werden möchte. Stellungnahmen oder Meinungen sind nicht zu erwarten, man befindet sich in einer neutralen Grundhaltung.

die gesenkten Mundwinkel

Die gesenkten Mundwinkel sprechen von Enttäuschung, können Trauer offenbaren und signalisieren einen schmerzlichen Verlust. Als Widerspiegelung eigener Gefühlsregungen sind diese Mundwinkel Zeichen zeitweiliger Depressionen, die die unterschiedlichsten Reaktionen erwarten lassen: Teilnahmslosigkeit oder Ablehnung des Kontakts zu anderen.

die angehobenen Mundwinkel

Mit dieser Mimik wollen sich aktuelle Freude sowie eine positive Grundstimmung mitteilen.

der prüfende Mundzug

Hier drückt sich eine abwartende, abwägende oder abschätzende Haltung aus. Sie ist am Anfang von Überlegungen oder Handlungen zu finden, über deren Sinn oder Ende man sich nicht im Klaren ist.

der genießende Mundzug

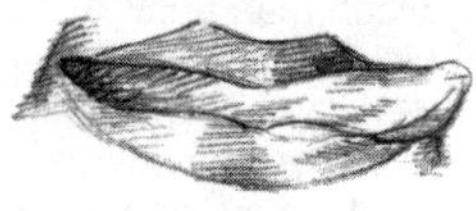

Dieser Mundzug kündigt innere Vorfreude auf kommende angenehme Ereignisse oder sinnliche Genüsse an.

der „verbissene" Mundzug

Diese Mimik bringt innere Unzufriedenheit nach außen und kann davon sprechen, dass jemand ein schweres persönliches Problem hast, das derzeit nicht gelöst werden kann. Zeigt sich der „verbissene" Mundzug über einen längeren Zeitraum hinweg, ist zu vermuten, dass Verbitterung infolge andauernder Enttäuschungen oder Misserfolge im Leben Ursache dieser Mimik ist.

der sorgenvolle Mundzug

Auch diese Mimik resultiert in der Regel aus innerer Unzufriedenheit, bekundet aber mehr die Anteilnahme an den Problemen oder Schwierigkeiten anderer. Man macht sich Sorgen um die Befindlichkeit seiner Mitmenschen oder zeigt aufrichtige Anteilnahme an ihrem Schicksal.

Was uns das Lachen mitteilen kann

„Lachen, Weinen, Lust und Schmerz,
Sind Geschwisterkinder..."

(Johann Wolfgang v. Goethe)

das Lachen auf A oder ha-ha-Lachen

Dieses Lachen spricht von uneingeschränkter Freude an einer gegebenen Situation. Es ist echt und aufrichtig und spricht manchmal auch von einer positiven emotionalen Spannungsentladung.

das Lachen auf E oder he-he-Lachen

In diesem Lachen schwingt unüberhörbare Schadenfreude mit. Dies lässt es für andere unangenehm klingen. Es handelt sich um ein Lachen, das oft im Zusammenhang mit einem verbalen „Ich hab es doch gleich gesagt ..." anzutreffen ist und auf eine aufdringliche und von sich überzeugte Rechthaberei hinweist.

das Lachen auf I oder hi-hi-Lachen

Hier handelt es sich um das typische „in sich hinein Lachen". Es bringt die Freude um eine innere Gemütslage oder an einer äußeren Situation zum Ausdruck, an der andere nicht unbedingt teilnehmen sollen. So gesehen hören wir hier das heimliche, stille Lachen.

das Lachen auf O oder ho-ho-Lachen

Mit diesem Lachen will sich zunächst allgemeine Verwunderung ausdrücken. Diese kann allerdings sowohl eine abwehrende Haltung artikulieren als auch Protest signalisieren.

das Lachen auf U oder hu-hu-Lachen

Mit einem solchen Lachen werden meist Ängste vorgetäuscht, die so ernst nicht zu nehmen sind. Man hört es oft auf Jahrmärkten in Gespensterbahnen.

Bitte lächeln!

„Manche, so da lächeln, fürcht' Ich, tragen im Herzen tausend Unheil..."

(William Shakespeare)

das ängstliche Lächeln

Mit diesem Lächeln soll meistens eine gewisse innere Unsicherheit oder Gehemmtheit überspielt werden, die durchaus aus einer unterschwelligen Angst resultieren können.

das unechte Lächeln

Hier sind verschiedene Deutungen möglich. Zum einen kann ein solches Lächeln darauf verweisen, dass die eigene Verunsicherung überdeckt werden soll. Mitunter kommt es vor, dass geheuchelte Zustimmung in dieser Mimik ihren Ausdruck findet. Unechtes Lächeln kennt man auch als Verlegenheitslächeln. Schließlich ist möglich, dass jemand mit diesem Lächeln gute Miene zum bösen Spiel macht.

das süßliche Lächeln

Mit diesem Lächeln wollen unter Umständen mehr Gefühle zum Ausdruck gebracht werden, als eigentlich empfunden werden. Das süßliche Lächeln ist eng mit dem unechten verwandt und wird dann bemerkt, wenn sich jemand bei anderen einschmeicheln will.

das Schmunzeln

Schmunzeln bringt zunächst eine momentane positive Befindlichkeit oder stille Freude an der gegebenen Situation zum Ausdruck, die von anderen nicht unbedingt erfahren werden muss. Manchmal ist Schmunzeln Ausdruck einer gewissen Lebenserfahrung und zeugt damit von einem gewissen Abstand zu den Dingen, die von anderen in übertriebener Weise ernst genommen werden.

Ihr Gehen verrät alles

das rasche Gehen

Diese Art zu Gehen spricht für augenblickliche Zielbewusstheit im Denken und Zielstrebigkeit im Handeln. Wer sich so angesichts einer gegebenen Situation fortbewegt, kommt eigentlich auf etwas zu und will Entschlusskraft und -freude mitteilen. Darüber hinaus wird Ungeduld signalisiert. Hier hat ganz offensichtlich jemand keine Zeit, ist gut motiviert und will sein Ziel rasch erreichen.

das langsame Gehen

Diese Gangart spricht für momentane Gelassenheit sowie innere Ruhe. Nichts will überstürzt werden. Es kann die Absicht zum Ausdruck kommen, zunächst einmal das Geschehen an sich herankommen zu lassen, wenn nicht gar eine Entscheidung hinauszuzögern. Ist diese Fortbewegungsform ständige Gangart, kann man durchaus auf ein weniger lebhaftes Temperament schließen.

das schleppende Gehen

Diese Gangart vermittelt eine nicht zu übersehende Ziellosigkeit oder Unklarheit über eine bestehende Situation. Das Interesse an ihr ist nicht besonders groß und mehr nach innen gerichtet. Die Ursache dafür kann eine momentane traurige Gemütslage sein.

das stockende Gehen

Über diese Art der Fortbewegung kann Unschlüssigkeit in der Verfolgung von Zielen sichtbar werden, die in inneren Zweifeln oder Unsicherheiten ihren Ursprung hat. Bei jemandem, der so neben einem herläuft, vermutet man nicht zu Unrecht Schüchternheit.

das Gehen mit ausgreifenden Schritten

Hier steuert jemand gut motiviert und erfolgsorientiert sein Ziel an. Es ist anzunehmen, dass sich jemand, der so geht, momentan nicht stoppen und von seinem Vorhaben abbringen lässt.

das Gehen mit kleinen Schritten

An dieser Gangart lassen sich häufig Ängstlichkeit und Vorsicht ablesen. So bewegt man sich in einer Situation, über die man noch keinerlei Entscheidung getroffen hat, und signalisiert Unschlüssigkeit, der man mit einem gewissen Unwohlsein begegnet. Auf jeden Fall wird das Bestreben deutlich, eventuellen Gefahren aus dem Weg zu gehen.

das „schlurfende" Gehen

Diese Gangart offenbart fehlende innere Antriebsstärke, wenn nicht gar die Tatsache, dass sich da momentan jemand durchhängen lässt. Hier geht jemand nicht durch die Welt, sondern die Welt geht an jemandem vorüber.

Mit beiden Beinen im Leben stehen

das normale, aufrechte Stehen

Wer so steht, steht sprichwörtlich mit beiden Beinen im Leben. Diese Körperhaltung spricht von einem gesunden Selbstbewusstsein. Die momentane Situation hat man im Griff und demonstriert Überblick. Man ist bereit, Herausforderungen aus der Umgebung anzunehmen und bewahrt sich einen großen Spielraum für Entscheidungsfindungen.

das aufgelockerte Stehen

Aufgelockertes Stehen vermittelt eine erwartungsfrohe und positive Lebenseinstellung. Diese Körperhaltung signalisiert Gesprächsbereitschaft sowie Kontaktfreudigkeit, ohne sich festlegen zu wollen. Hier ist jemand aufgeschlossen gegenüber seiner gesamten Umgebung und darüber hinaus sehr flexibel und anpassungsfähig eingestimmt.

das breitspurige Stehen

Mit dieser Körperhaltung soll ein überzogenes Selbstbewusstsein mitgeteilt werden, welches gleichzeitig Überheblichkeit signalisiert. Das geschieht aus dem Wissen um die momentane eigene Dominanz anderen gegenüber heraus. Diese Art des Stehens will einschüchtern, andere verunsichern und ängstigen. Sie kann ein vorübergehendes Abhängigkeitsverhältnis unterstreichen, das die bewusste Missachtung des Selbstwertgefühls anderer in Kauf nimmt.

das wippende Stehen

Diese Körperhaltung strahlt Unruhe und Nervosität aus. Man scheint sich in seiner Umgebung nicht wohl zu fühlen und trägt sich mit dem Gedanken, hier nicht „stehen zu bleiben". Man trifft das wippende Stehen aber auch bei Menschen an, die so anderen ihre Überlegenheit mitteilen wollen.

Was die Sitzmanieren mitteilen wollen

das bequeme Sitzen

Über diese Art zu sitzen äußern sich momentane Zufriedenheit mit sowie Vertrauen in eine gegebene Situation. Das spricht für eine als angenehm empfundene Gefühlslage und bringt den Willen zum Ausdruck, in dieser Situation noch für eine ganze Weile zu verbleiben, sich in ihr einrichten.

das Sitzen in Wartestellung

Wer so sitzt, ist innerlich bereit, sofort einen Situationswechsel zu vollziehen. Diese Sitzhaltung hat etwas „Abwartendes" an sich und unterstreicht so die genannte Bereitschaft. Es wird eine gewisse innere Unruhe und Unzufriedenheit mit der momentanen Situation ausgestrahlt.

das ungezwungene, lockere Sitzen

Sitzt jemand so, kann man darauf vertrauen, dass er nicht mit sich selbst beschäftigt ist und anderen gut zuhören will. Mit dieser Art zu sitzen will jemand sein Gegenüber aufmuntern und Zustimmung signalisieren.

das betont zurückgelehnte Sitzen

Dieses Sitzen vermittelt ein unangemessenes Überlegenheitsgefühl und will so andere abwerten. Es wirkt einschüchternd und will körpersprachlich den Versuch unterstreichen, andere dazu zu bringen, die eigene Position als unantastbar zu akzeptieren.

Stellungen und Bewegungen der Arme

die normale Stellung der Arme

Über diese Gestik teilen sich Ruhe, Ausgeglichenheit sowie Aufrichtigkeit und Glaubwürdigkeit mit. Sie signalisiert uns Gesprächs- und Handlungsbereitschaft.

die schlaff pendelnden Arme

Diese Körperhaltung vermittelt uns eine Vielzahl negativer Befindlichkeiten. Zum einen kann sich so Willenlosigkeit artikulieren. Es besteht auch die berechtigte Annahme, jemanden vor uns zu haben, der hoffnungslos ist und die momentane Selbstaufgabe eigenen Aktivitäten vorzieht. Auf jeden Fall wird so ein Bild allgemeiner Hilf- und Ratlosigkeit vermittelt.

die angewinkelten Arme

So hält jemand seine Arme, wenn er auf die Entfaltung der eigenen Persönlichkeit drängt und sich damit auch nicht allzu lange aufhalten will. Das soll nicht isoliert geschehen, vielmehr sollen so andere aufgefordert werden, sich an entsprechenden Aktivitäten zu beteiligen.

die verschränkten Arme

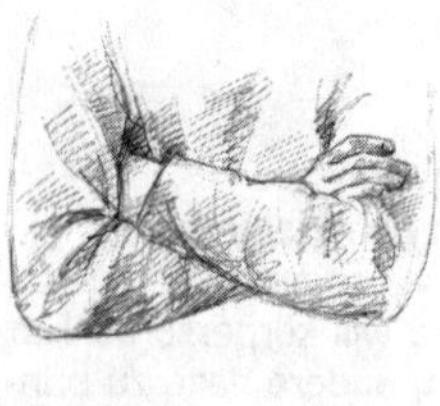

Diese Armhaltung hat etwas Abwartendes an sich. Das kann für eine momentane Befindlichkeit sprechen, aber auch signalisieren, dass man, falls überhaupt ein Dialog zu Stande gekommen ist, in seinem Verlauf verbal wenig beizusteuern gedenkt und sich aufs Zuhören beschränkt. Die Ursache hierfür können Hemmungen und eigene Unsicherheiten sein.

die hinter dem Rücken verschränkten Arme

Hier wird eine abwartende Haltung zum Ausdruck gebracht, da sich jemand in einer gegebenen Situation offensichtlich noch nicht zurecht findet. Sie wirkt unschlüssig und verbreitet den Eindruck von Unsicherheit.

die weit auseinander greifenden Arme

So will jemand anderen sein Entgegenkommen mitteilen. Diese Gestik spricht von der Bereitschaft zum Handeln und wirkt mitreißend.

die schwungvoll gestikulierenden Arme

So kann sich Begeisterung mitteilen, die auf andere übertragen werden soll. Es handelt sich um eine intensive Aufforderung zur Beteiligung am Geschehen.

Was unsere Hände sichtbar machen

die geöffnete Hand mit der Handfläche nach oben

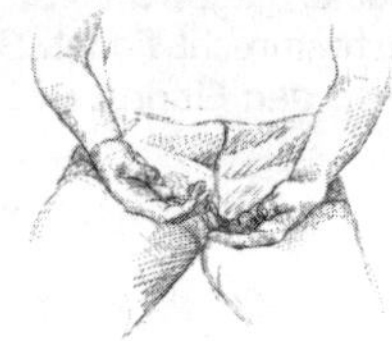

So kann man seinen Mitmenschen den vernünftigen Umgang miteinander anbieten. Erwartungshaltungen werden offenbart. Darüber hinaus sprechen diese Hände von Ehrlichkeit und Glaubwürdigkeit.

die geöffnete Hand vor der Brust

Diese Hände sind ein Zeichen von Abwehr, Ablehnung und Zurückweisung. Sie können gleichfalls ein Signal der Beschwichtigung sein. Manchmal verbirgt sich hinter dieser Handhaltung auch die Absicht, angesichts einer gegebenen Situation Widerstand zu leisten.

die senkrecht gehaltene Hand

Mit der so gehaltenen Hand kann die Absicht bekundet werden, eine Auseinandersetzung, eine Diskussion sowie einen Streit als beendet zu betrachten. Anstehende Probleme werden als gelöst angesehen. Es kommt vor, dass eine überschaubare Aufforderung so ihre Gewichtung erfährt. Auf jeden Fall will mit dieser Handbewegung irgendetwas „abgeschlossen" werden.

die zusammengelegten Hände

Wer seine Hände zusammenlegt, will zunächst in Ruhe über etwas nachdenken. Es sind noch keine Entscheidungen gefallen. In diesem Augenblick ist keine Bereitschaft zu sehen, mit anderen in Kontakt zu treten.

die gefalteten Hände

Diese Hände sprechen zunächst für eine in sich gekehrte Grundstimmung. Was hierbei gedacht oder erhofft wird, lässt sich nicht hinterfragen. Hinweise können lediglich aus dem situationsbedingten Umfeld kommen. Sie können aber auch die Bereitschaft mitteilen, sich die Meinungen oder Standpunkte anderer anzuhören.

die zur Faust geballten Hände

Sie stellen eine symbolische Bedrohung dar. Auf den Konflikt mit anderen gerichtetes Denken und Handeln kann so seine körpersprachliche Unterstreichung erfahren.

Der Händedruck – Ausdruck der Persönlichkeit

„Lass diesen Händedruck dir sagen,
Was unaussprechlich ist ..."

(Johann Wolfgang v. Goethe)

der weiche Händedruck

Mit diesem Händedruck wird in der Regel eine gewisse Reserviertheit bekundet, die sehr deutlich zu spüren ist.

der hohle Händedruck

Mit diesem Händedruck werden Misstrauen, Vorbehalte und Bedenken gegenüber anderen bekundet. Geht er einem Gespräch voran, steht zu erwarten, dass in seinem Verlauf noch lange nicht alles zur Sprache kommt, was eigentlich gedacht wird.

der flüchtige Händedruck

Hier zeigt sich Angst: Angst vor dem anderen, vor der Welt und vor sich selbst. Wenn jemand so die Hand gibt, ist äußerste Zurückhaltung zu erwarten.

der Händedruck mit Fingern

Die Flüchtigkeit dieses Händedrucks, der eigentlich keiner mehr ist, wirkt vorsätzlich. Dem anderen soll die eigene Überlegenheit mitgeteilt werden. So können sich Missachtung und Geringschätzung anderer artikulieren. Deren Selbstwertgefühl wird nicht akzeptiert.

Der Finger-Zeig

„Wie ist es doch schön, wenn die Finger auf dich weisen und alles spricht: Der ist es ..."

(Persius)

der Daumen

Sein körpersprachlicher Einsatz will Dominanz signalisieren. Ist er nach oben gerichtet, bringt er ein Verlangen zum Ausdruck oder unterstützt eigene Aufforderungen an andere. Nach unten gerichtet, kann er die Absicht unterstreichen, anderen den eigenen Willen aufzuzwängen.

der Zeigefinger

Dieser Finger in Aktion unterstreicht in der Regel Ermahnungen, Belehrungen oder Verbote. Darüber hinaus will er die Aufmerksamkeit anderer auf etwas richten und bestimmt einen Zielpunkt. Mit dem erhobenen Zeigefinger können dem gesprochenen Wort nonverbale Gewichtungen verliehen werden.

der Mittelfinger

Im körpersprachlichen Einsatz soll er das eigene Selbstwertgefühl unterstreichen, will die eigene Überlegenheit unter Umständen auf aggressive Weise sichtbar machen und spricht von Missachtung oder Geringschätzung der anderen.

die ineinander greifenden Finger

Finger, die so ineinander greifen, sollen anderen Abwehr signalisieren. Argumente eines Gesprächspartners werden nicht mehr zur Kenntnis genommen.

Über die Schultern geschaut

hängende Schultern

Sie signalisieren Erschöpfung und Antriebsschwäche und bringen ein Gefühl des Überfordertseins zum Ausdruck. Sie offenbaren aber auch Schuldgefühle oder sprechen von der Tatsache, von schweren Problemen bedrückt zu werden.

hochgezogene Schultern

Hochgezogene Schultern sprechen von momentaner Angst, sie signalisieren ein Gefühl des Bedrohtseins.

das Schulterzucken

Sie wollen Gleichgültigkeit oder Verständnislosigkeit demonstrieren. Hier kommen aber auch die eigene Unschlüssigkeit oder Selbstzweifel zum Ausdruck.

Der Oberkörper – Ausdruck des Dabeiseins

der vorgeneigte Oberkörper

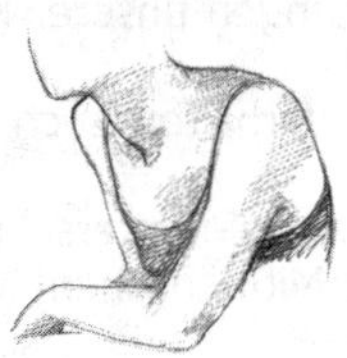

Diese Körperhaltung bekundet ein allgemeines Interesse an anderen und fordert regelrecht zum Gespräch auf. Hier können Bemühungen um Annäherung abgelesen werden.

der zurückgeneigte Oberkörper

Diese Körperhaltung strahlt eine gewisse Reserviertheit aus. Sie spricht von Gleichgültigkeit und dem nur schwachen Bedürfnis, sich anderen mitzuteilen.

der aufgerichtete Oberkörper

Diese Körperhaltung wirkt mitunter gekünstelt und will in übertriebener Weise signalisieren, dass das eigene Leben vorzugsweise auf Ordnung und Selbstdisziplin ausgerichtet ist.

Eine haarige Angelegenheit

gefärbte Haare

Gefärbte Haare haben in jedem Fall eine Signalwirkung. Man will bewusst auffallen oder hat sich aus den unterschiedlichsten Gründen einer Mode angepasst. Gefärbte Haare können auch von einer inneren Protesthaltung sprechen, die sichtbar gemacht werden soll. Vielerorts dienen gefärbte Haare auch der Retuschierung der eigenen Befindlichkeit.

graue Haare

Graue Haare können verschiedene Ursachen haben. Zum einen weisen sie auf das Erreichen eines hohen Lebensalters hin und gelten als Symbol von Lebenserfahrung und Weisheit. Zum anderen können sie für dauerhaften Kummer und Sorge sprechen.

Ihre Aktivitäten – TUN

- Haben Sie sich in diesen oder jenen analogen Deutungen unserer Körpersprache wiedererkannt?
- Überlegen Sie sich, ob Sie in Zukunft nonverbales Verhalten auch bewusst einsetzen können!
- Achten Sie in Ihrer Familie, Ihrem Bekanntenkreis auf die unterschiedlichsten körpersprachlichen Ausdrucksformen Ihrer Mitmenschen! Versuchen Sie, sie zu deuten!

Kapitel 3

Zur Symbolik des Körpers und seiner Organe

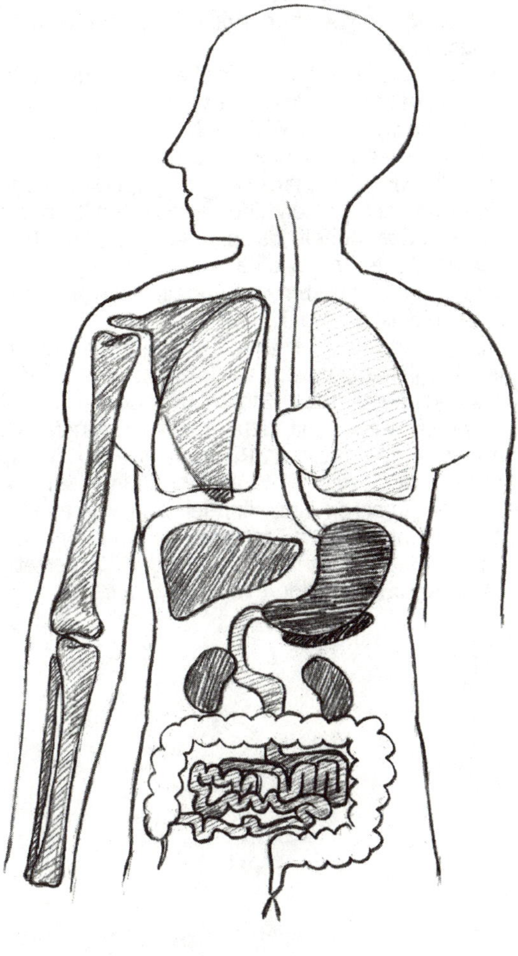

Analoges Denken, bezogen auf den Körper und seine Organe, kann uns beim bewussten Umgang mit unserem gesamten Organismus hilfreich sein. Viele Aspekte, Erklärungen und Deutungen aus den Bereichen Menschenkenntnis, Charakterkunde und Körpersprache haben hier ihren Ursprung.

Körper, Geist und Seele bilden eine Einheit. Geist sowie Seele können vom Körper nicht abgetrennt werden. Die Befindlichkeiten des Geistes sind im Körper „zu Hause", sie nehmen von hier entsprechend ihrer Bedeutung ihren Ausgang. Der Geist oder die Seele sind nicht materiell, aber wir spüren sie tagtäglich.

Der Körper ist der materielle Träger der Seele und dadurch lebendig. In unserem Körper, in unseren Organen, ja bis in unsere Zellen hinein, manifestiert sich unser Bewusstsein. Wir alle haben schon die Erfahrung gemacht, dass sich das, was wir denken und fühlen, in körperlichen Reaktionen ausdrückt. Oft wird uns „ganz schlecht" bei einem unangenehmen Gedanken, bereitet uns ein Problem „Kopfschmerzen". Unsere körperliche Befindlichkeit, unsere Gesundheit, hat eine ganz bestimmte Relation zum Unbewussten. Diese Beziehungen erkannt zu haben ist eine wesentliche Voraussetzung für Ihren bewussten und vor allen Dingen verantwortlichen Umgang mit Ihrem eigenen Körper.

Wenn Sie oder jemand in Ihrer Umgebung immer wieder von denselben körperlichen Problemen geplagt wird, bietet es sich an, zu analysieren woher dieser Schmerz, diese Entzündung oder Ähnliches, kommen mag. Ob man immer wieder mit dem Rücken, dem Magen oder dem Nacken zu kämpfen hat: All dies lässt Rückschlüsse auf den seelischen Zustand des Menschen zu. Gezielte Veränderungen im geistigen Bereich, also in unserem Leben, unseren Einstellungen und Verhaltensweisen, können dann helfen, die körperlichen Probleme zu lösen. Im Laufe der Jahre haben sich für mich Bedeutungen der jeweiligen Körperteile herauskristallisiert, die ich Ihnen im Folgenden vorstellen will.

Der gesamte Organismus

rechte Körperseite

Sachlichkeit
gebende, austeilende Seite
verstandesmäßigen Willen kundtuend

linke Körperseite

Gefühl und Herzlichkeit
aufnehmende, empfindsame Seite
gefühlsmäßige Botschaften

Von Kopf bis Fuß

Kopf

- Haupt des Körpers
- zentrale Steuerung des Organismus
- Orientierung
- Träger fast aller Wahrnehmungen
- analoge Redewendungen: „den Kopf oben behalten", „jemandem den Kopf verdrehen", „den Kopf voll haben", „sich den Kopf zerbrechen", „die Köpfe zusammenstecken", „einen klaren Kopf bewahren", „sich etwas durch den Kopf gehen lassen", „wie vor den Kopf geschlagen sein"

Haar

- Freiheit
- Antennen nach außen
- Macht
- analoge Redewendungen: „krauses Haar, krauser Sinn", „langes Haar, kurzer Verstand", „jemandem stehen die Haare zu Berge", „Haare lassen müssen"

Gesicht

- das, was der Welt präsentiert wird, die Visitenkarte
- die Individualität
- Spiegel der Stimmungen
- analoge Redewendungen: „das Gesicht wahren", „Gesicht verlieren", „sein wahres Gesicht zeigen", „ein langes Gesicht machen", „jemanden aus dem Gesicht verlieren", „der Wahrheit ins Gesicht schlagen"

Stirn

- Konfrontation und Kraft des Geistes
- Schutzschild fürs Denken

- Geisteskraft
- analoge Redewendungen: „die Stirn haben ...", „jemandem die Stirn bieten", „sich an die Stirn fassen", „jemandem auf der Stirn geschrieben stehen"

Augen
- bildliche Wahrnehmung
- Einsicht
- Aussicht
- Gesichtskreis
- analoge Redewendungen: „jemandem gehen die Augen auf", „da bleibt kein Auge trocken", „große Augen machen", „jemandem die Augen öffnen", „ein Auge riskieren", „beide Augen zudrücken", „Augen im Kopf haben", „Augen haben wie ein Luchs", „aus den Augen, aus dem Sinn"

Tränendrüsen
- Abgabe von überschäumender Seelenenergie
- Ausspülen von Trauer, Schmerz und Freude
- analoge Redewendungen: „auf die Tränendrüse drücken"

Nase
- Dominanz
- Macht
- Sexualität
- Stolz
- Sinneswahrnehmung: Geruch
- Filtern der Atemluft
- analoge Redewendungen: „jemandem passt meine Nase nicht", „die richtige Nase haben", „eine feine/gute Nase für etwas haben", „die Nase vorn haben", „die Nase hoch tragen", „die Nase überall hineinstecken", „sich eine goldene Nase verdienen", „auf die Nase fallen", „jemandem auf der Nase herumtanzen", „jemanden vor die Nase gesetzt bekommen"

Nebenhöhlen
- Auflockerung der Knochenstruktur
- Luftigkeit
- Leichtigkeit

Mund
- Ein- und Ausgang des Körpers
- Wahrnehmung: Geschmack
- Sinnlichkeit
- Ausdrucksorgan der Sprache

- analoge Redewendungen: „einen großen Mund haben", „sich den Mund verbrennen", „den Mund auf dem rechten Fleck haben", „den Mund zu voll nehmen", „nicht auf den Mund gefallen sein", „jemandem über den Mund fahren", „jemandem den Mund verbieten", „von Mund zu Mund gehen", „jemandem Honig um den Mund schmieren"

Lippen
- Sinnlichkeit
- Aufnahme
- Kontakt
- Sprache formulieren
- analoge Redewendungen: „eine große Lippe riskieren", „etwas nicht über die Lippen bringen", „es geht jemandem leicht von den Lippen", „an seinen Lippen hängen"

Zunge
- Geschmacksorgan
- Transport der Nahrung
- Artikulation der Sprache
- analoge Redewendungen: „eine lose Zunge ...", „eine scharfe Zunge ...", „eine spitze Zunge ...", „sich eher die Zunge abbeißen", „seine Zunge im Zaum halten", „etwas auf der Zunge haben", „sich etwas auf der Zunge zergehen lassen", „mit gespaltener Zunge reden", „das Herz auf der Zunge haben"

Zähne
- härtester Teil des Körpers
- Waffen
- ein Stück vom Leben abbeißen
- Problembewältigung: „große Brocken zerkleinern"
- analoge Redewendungen: „jemandem die Zähne zeigen", „jemandem den Zahn ziehen", „sich an etwas die Zähne ausbeißen", „jemandem auf den Zahn fühlen", „bis an die Zähne bewaffnet sein", „die Zähne zusammenbeißen"

Zahnfleisch
- Halt und Versorgung der Zähne
- analoge Redewendungen: „auf dem Zahnfleisch kriechen"

Kinn
- Wille
- Zielstrebigkeit
- Durchsetzung
- Trotz

Kiefer
- die Waffen des Körpers in Bewegung setzen
- Mund öffnen und schließen

Ohren
- Gehör
- Empfang
- Gehorchen
- analoge Redewendungen: „seinen Ohren nicht trauen", „auf den Ohren sitzen", „auf diesem Ohr schlecht hören"

Gleichgewichtsorgan
- im Innenohr
- hält alles im Lot
- meldet Schlingern und Schaukeln des Lebensschiffes

Hals
- trägt das Haupt
- umschließt die Versorgungskanäle wie Schlagader, Luftröhre und Speiseröhre
- empfindliche Körperregion, wird bei Gefahr zuerst geschützt
- analoge Redewendungen: „den Hals umdrehen"

Halswirbel
- Beweglichkeit
- Umsicht
- Halsstarrigkeit bei Unbeweglichkeit auf der Ebene des Miteinander
- analoge Redewendungen: „Wendehals"

Nacken
- Willen
- Hartnäckigkeit
- Ort der Kraft
- Verbindung des Kopfes zur Schulter
- Schutz des Rückenmarks
- analoge Redewendungen: „den Nacken steif halten", „jemandem im Nacken sitzen", „die Faust im Nacken spüren", „jemandem sitzt die Angst im Nacken", „einen Nacken wie ein Stier haben"

Kehlkopf
- enthält die Stimmbänder
- ermöglich unsere Ausdrucksfähigkeit
- kleiner Kehlkopf: hohe Stimme (weiblich, Knaben)
- großer Kehlkopf: tiefe Stimmlage (männlich, Adamsapfel)

Stimmbänder
- Saiten des Instruments Sprache
- werden durch den Atemstrom zum Klingen gebracht
- geben der Stimme die individuelle Klangfarbe

Brust und Brustkorb
- Ort, auf den wir mit dem Zeigefinger tippen, wenn wir „ich" sagen
- Brustkorb umschließt und schützt das Herz (Gefühl) und die Lunge (intensiver Kontakt zur Außenwelt)
- analoge Redewendungen: „sich an die Brust schlagen", „sich etwas an die Brust heften", „schwach auf der Brust sein", „mit geschwellter Brust", „sich jemanden zur Brust nehmen", „im Brustton der Überzeugung"

Rippen
- Teil des Brustkorbs
- elastischer Sicherheitskäfig
- Anpassung an den Atemrhythmus
- analoge Redewendungen: „bei jemandem kann man alle Rippen zählen", „sich etwas nicht aus den Rippen schneiden können"

Weibliche Brust
- Mütterlichkeit
- Nahrung
- Geborgenheit
- Symbol der Weiblichkeit
- sexuelle Ausstrahlung
- stark erogene Zone
- analoge Redewendungen: „am Busen der Natur", „eine Schlange am Busen nähren"

Schultern
- Tragen der Last des Lebens
- Ausdruck des Lebensgefühls
- Haltung zu seinen Mitmenschen
- analoge Redewendungen: „Schulter an Schulter", „jemandem die kalte Schulter zeigen", „etwas auf die leichte Schulter nehmen"

Rücken
- Aufrichtigkeit
- Rückhalt geben
- Lasten tragen
- Rückgrat besitzen
- analoge Redewendungen: „ein schöner Rücken kann auch entzücken", „den Rücken krumm machen", „den Rücken frei haben", „mit dem

Rücken zur Wand stehen", „jemandem in den Rücken fallen", „einer Sache den Rücken kehren", „jemandem das Rückgrat brechen", „Rückgrat zeigen/beweisen", „jemandem das Rückgrat stärken"

Schultergelenk

- Garant für die Beweglichkeit der Arme
- Spielraum für (Bewegungs-) Freiheit mit nur geringfügigen Abstrichen (eingeschränkter Bewegungsraum nach hinten)

Arme

- Werkzeuge zum Heranholen von Teilen der Außenwelt
- ausladende Gestik
- analoge Redewendungen: „einen langen Arm haben", „jemanden auf den Arm nehmen", „jemandem in den Arm fallen", „jemanden mit offenen Armen aufnehmen", „jemandem unter die Arme greifen", „die ganze Welt umarmen"

Oberarme

- Kraft
- Schlagkraft
- Durchhaltevermögen
- Abwehr

Unterarme

- Handlungsfähigkeit
- Hebel der Arm

Ellenbogen

- Durchsetzungsvermögen, sich Raum verschaffen
- analoge Redewendungen: „seine Ellenbogen gebrauchen", „keine Ellenbogen haben", „Ellenbogengesellschaft"

Ellenbeuge

- sensibles Gegenstück zum Ellenbogen
- Offenheit

Handgelenk

- Beweglichkeit
- analoge Redewendungen: „sich etwas aus dem Handgelenk schütteln", „etwas aus dem Handgelenk machen"

Hände

- geben und nehmen
- ergreifen – der Initiative oder von Besitz

- begreifen – im Sinne von Erkennen, Ertasten
- offene Hände – offene Haltung
- rechte Hand – Sachbezogenheit
- linke Hand – Gefühlsbezogenheit
- analoge Redewendungen: „jemandes rechte Hand sein", „die linke Hand/die Linke kommt vom Herzen", „eine Hand wäscht die andere", „seine Hände im Spiel haben", „seine Hände in Unschuld waschen", „freie Hand haben", „eine unglückliche Hand haben", „zwei linke Hände haben", „aus erster und aus zweiter Hand", „mit leeren Händen", „sich mit Händen (und Füßen) dagegen wehren", „etwas von langer Hand vorbereiten"

Handflächen
- Ehrlichkeit
- Offenheit
- friedliche Absicht bekundend
- Hilfe annehmen
- Schutz geben
- analoge Redewendungen: im Sinne von „in sicheren Händen sein", „etwas in jemandes Hände legen", „die schützende/helfende Hand von ihm abziehen"

Finger
- das Leben voll in den Griff bekommen
- Fertigkeiten, Feinmotorik
- analoge Redewendungen: „keinen Finger krumm machen", „keinen Finger rühren", „die Finger im Spiel haben", „sich die Finger verbrennen", „jemandem auf die Finger klopfen", „sich etwas aus den Fingern saugen", „etwas mit spitzen Fingern anfassen", „das sagt mir mein kleiner Finger", „wenn man jemandem den kleinen Finger gibt, nimmt er gleich die ganze Hand", „mit den Fingern auf etwas zeigen", „grüne Finger haben"

Daumen
- Dominanz
- hält als einziger den Fingern entgegen (bildet den Gegenpol)
- ohne Daumen wären Ergreifen und Festhalten unmöglich
- analoge Redewendungen: „jemandem den Daumen drücken/die Daumen halten", „den Daumen auf etwas halten"

Zeigefinger
- Sachfinger
- erhobener Zeigefinger
- Hinweisfinger: „Da geht es lang!"

Mittelfinger
- längster aller Finger
- steht für das Selbstwertgefühl
- „Stinkefinger" – Geste, wen sich jemand im Selbstwertgefühl angegriffen fühlt

Ringfinger
- steht für Emotionen und Status (Ehestand, Besitz)

Kleiner Finger
- soziales Verhalten
- soziale Beweglichkeit
- Hilfe suchen und Hilfe anbieten
- Gespür

Fingernägel
- Aggressionswerkzeuge – Krallen
- Festhalten – sich verkrallen
- Schutz für die sensiblen Fingerspitzen
- analoge Redewendungen: „jemandem auf den Nägeln brennen", „sich etwas unter den Nagel reißen"

Fingerspitzen
- verstärkter Tastsinn
- Gefühl und Antennen
- feines Gespür
- erahnen – Fingerspitzengefühl
- analoge Redewendungen: „gefühlvoll/musikalisch bis in die Fingerspitzen"

Zwerchfell
- Trennung zwischen Lunge und Bauchraum
- Atemstütze
- Blasebalg der Lunge
- verantwortlich für den Atemrhythmus
- analoge Redewendungen: „jemandes Zwerchfell massieren"

Bauch
- enthält in der Bauchhöhle alle Verdauungsorgane
- Sitz des Gefühls und der Instinkte
- analoge Redewendungen: „aus dem hohlen Bauch heraus", „Wut im Bauch haben", „Löcher in den Bauch fragen", „sich die Beine in den Bauch stehen"

Bauchnabel
- Mitte des Menschen
- Verbindungsstelle zur Mutter
- analoge Redewendungen: „er hat sich endlich abgenabelt"

Bauchdecke
- deckt und schützt alle Organe in der Bauchhöhle
- elastischer Halt

Bauchfell
- innere Hülle der empfindlichen Organe in der Bauchhöhle
- Signalgeber, wenn etwas nicht stimmt

Becken
- Grundlage, auf der das Körpergeschehen lastet
- trägt die Organe der Bauchhöhle und die Geschlechtsorgane
- Körperein- und -ausgänge

Hüfte
- Grundlage der Beweglichkeit der unteren Gliedmaßen
- ermöglicht das Fortschreiten

Leiste
- Umfeld der Geschlechtsorgane, sehr weich und verletzlich
- vordere Verbindung von Körper und Beinen

Gesäß
- passives Durchhaltevermögen, etwas aussitzen
- seinen Platz ausfüllen
- Wichtigkeit
- sexuelles Symbol
- hintere Verbindung von Körper und Beinen
- analoge Redewendungen: im Sinne von „Blei im Hintern haben", „sich in den Hintern beißen", „jemandem Feuer unter den Hintern machen", „Pfeffer im Hintern haben"

Beine
- Standfestigkeit und Vorwärtskommen im Leben
- Bewegung
- Bodenkontakt
- Bodenständigkeit
- Wehrhaftigkeit
- gehen, laufen, tanzen, treten

- analoge Redewendungen: „Beine bekommen", „sich kein Bein ausreißen", „sich etwas ans Bein binden", „wieder auf die Beine kommen", „mit beiden Beinen auf der Erde stehen", „Lügen haben kurze Beine", „mit einem Bein im Grabe stehen", „Stein und Bein frieren"

Oberschenkel
- Kraft und Fortschritt

Knie
- beugen
- analoge Redewendungen: „in die Knie zwingen", „vor jemandem in die Knie gehen", „in den Knien weich werden", „etwas übers Knie brechen"

Unterschenkel
- Sprungkraft
- Spannkraft
- Spontaneität
- Veränderung

Füße
- Bodenständigkeit
- Kontakt und Haftung
- Halt und Verwurzelung
- analoge Redewendungen: „kalte Füße bekommen", „festen Fuß fassen", „jemandem den Fuß auf den Nacken setzen", „immer wieder auf die Füße fallen", „jemandem auf die Füße treten", „auf eigenen Füßen stehen", „auf großem Fuß leben"

Ferse
- darauf ruht die Last des Körpers
- der Kontakt zum Boden ist am intensivsten
- Empfindlich (Achillessehne)
- analoge Redewendungen: „sich an jemandes Fersen heften", „Fersengeld geben"

Fußgewölbe
- gibt Elastizität beim Laufen
- ermöglicht kleine und große Sprünge und auch den aufrechten Gang

Zehen
- sichern unsere Standfestigkeit ab
- ermöglichen Beweglichkeit der Füße, sind ihre „Fühler" nach vorn
- analoge Redewendungen: „jemandem auf die Zehen treten", „etwas im kleinen Zeh spüren"

Zehennägel
Krallen an den Füßen
sichern den Halt auf dem Boden und schützen die „Fühler" (Zehen) vor groben Stößen

Das Abwehrsystem

Immunsystem
- Verteidigung gegen äußere Feinde oder das, was dafür gehalten wird (Allergie)
- Feinde erkennen und zu Gegenmaßnahmen greifen

Lymphsystem
- Reinigung des Organismus
- Transportaufgabe
- Polizeiposten im Körper (Lymphknoten)

Das Herz

Herz
- das Lebenskraftwerk
- die energetische Mitte
- der Motor des Lebens
- sich selbst die Impulse für den Rhythmus gebend
- Sitz der Liebe und der Gefühlsempfindung
- analoge Redewendungen: „jemandem geht das Herz auf", „ein Herz und eine Seele sein"; „alles, was das Herz begehrt", „jemandem sein Herz ausschütten", „jemandem dreht sich das Herz im Leibe", „ihm rutscht das Herz in die Hose", „jemandem das Herz brechen", „ein Herz aus Stein haben", „das Herz auf dem rechten Fleck haben"

Herzklappen
- Ventile des Herzens
- sichern die Vorwärtsrichtung des Blutes

Herzscheidewand
- Polarität des Herzens
- teilt das Herz in linke und rechte Herzkammer

Herzbeutel
- umschließt das Herz
- Schutzmantel

Aorta

- Transport der Energie
- Hauptschlagader
- pulsierendes Leben
- „Autobahn" vom Energiezentrum Herz
- Weiterleitung zu den Arterien (Verteilung im gesamten Organismus)

Blut und Blutkreislauf

Blut

- Transportflüssigkeit der Lebenskraft
- Versorgungsmedium des Organismus – Sauerstoff, Energie aus der Nahrung
- Individualität (Zusammensetzung mit familiärer Ähnlichkeit)
- analoge Redewendungen: „Blut ist dicker als Wasser", „Blut (und Wasser) schwitzen", „böses Blut machen", „heißes Blut haben", „kaltes Blut bewahren", „die Bande des Blutes", „jemandem im Blut liegen", „ins Blut gehen"

Blutkreislauf

- in sich geschlossene Einheit von Lungen- und Körperkreislauf
- Ver- und Entsorgung im Organismus
- Transport von Energie und Botenstoffen
- dynamische Infrastruktur des Organismus
- Freude, die zurückkehrt

Blutdruck

- Ausdruck des Zusammenspiels der Kraft des Herzens und des geschmeidigen Widerstands der Gefäßwände

Blutgefäße

- Netz von „Verbindungsstraßen" des Organismus
- mit „Hauptverkehrs- und Landstraßen" sowie
- „Feld- und kleinen Zufahrtswegen" (Kapillaren)

Arterien

- Hintransport von Energie und Sauerstoff bis zur Körperperipherie (Außenbezirke)
- sauerstoffarmer Weg zur Lunge

Venen

- Rückweg
- Rücktransport des Verbrauchten zur Erneuerung des Blutes
- sauerstoffreich von der Lunge wegführend

Atemwege

Nase und Nasenschleimhaut
- Reinigung, Erwärmung, Befeuchtung und Kontrolle der Atemluft

Mund
- zentrales Ausdrucksorgan
- Artikulation mit Hilfe der Zunge
- Lippen und Resonanzraum (Rachen)

Kehlkopf
- enthält neben den Taschenfalten (falsche Stimmfalten) die echten Stimmfalten oder Stimmbänder
- Schwingung der Atemluft – Resonanzraum

Luftröhre
- Kanal für den Transport der Luft bis zu den Bronchien

Bronchien
- teilen den Atemstrom aus der Luftröhre und versorgen beide Lungenflügel über die Bronchialäste

Lunge
- besteht aus zwei Lungenflügeln
- Kontaktorgan mit der Außenwelt (Gasaustausch)
- Versorgung des Organismus mit Sauerstoff
- Leichtigkeit durch Lungenbläschen
- analoge Redewendungen: „sich die Lunge aus dem Hals schreien", „sich die Lunge aus dem Hals rennen", „aus voller Lunge singen"

Zwerchfell
- führt den Rhythmus des Atems aus
- kräftiges Zwerchfell bedingt kräftige Stimme
- Atemstütze der Sänger
- die Verdauungsorgane

Verdauungsorgane

Speicheldrüsen
- Vorbereitung der Nahrungsaufnahme – Appetit
- Geschmeidigmachen der aufgenommenen Nahrung, Spaltung der Stärke in der Nahrung

Speiseröhre

- Weiterleitung der Nahrung durch wellenförmiges Zusammenziehen ihrer Muskulatur, alles einmal „Geschluckte" passiert sie

Magen

- Aufnahme der Nahrung
- Gefühl von Befriedigtsein (Sattheit) oder Bedürftigkeit (Hunger)
- aggressive Auseinandersetzung mit dem „Geschluckten" (Magensäure)
- Ausspeien von Unverträglichem
- analoge Redewendungen: „jemandem auf den Magen schlagen", „Liebe geht durch den Magen", „jemandem dreht sich der Magen um", „jemandem schwer wie Blei im Magen liegen"

Dünndarm

- besteht aus Zwölffingerdarm, Leerdarm und Krummdarm
- Hauptarbeit der Verdauungstätigkeit im Zwölffingerdarm – Eiweiß-, Kohlehydrat- und Fettaufspaltung
- Eintritt der Verdauungssekrete aus Bauchspeicheldrüse und Leber
- Nutzbarmachung der Nahrung durch Umwandlung in körpereigene Stoffe
- Abgabe der Inhaltsstoffe über die Blutbahn an den Organismus

Blinddarm

- mit Wurmfortsatz (Sackgasse – Überbleibsel aus der Entwicklungsgeschichte)
- Schutz des Darms vor schädigenden Eindringlingen

Dickdarm

- Weiterleitung in die „Tiefe" des Organismus, dorthin, wo die Abläufe vom Bewusstsein kaum wahrgenommen werden
- Aufspaltung und Entzug der verbliebenen und für den Organismus wertvollen Inhaltsstoffe
- Vorbereitung des Loslassens von Verbrauchtem – Ballaststoffe, die nun Abfall werden

Mastdarm

- Ort des Sammelns (Geiz), vorläufige Deponie des Abfalls
- Verdichtung durch Entzug des Wassers

After

- Ein- und Ausgang der Unterwelt

Innere Organe

Leber

- das Körperlabor
- Wertung alles Aufgenommenen
- Lebenssinn
- Schaffung neuen körperlichen Lebens (Blut) und Aggressivität (Gallensaft)
- das rechte Maß (Entgiftung)
- analoge Redewendungen: „eine durstige/trockene Leber haben", „frisch von der Leber weg reden", „jemandem ist eine Laus über die Leber gelaufen"

Galle/Gallenblase

- Vorratsspeicher des Lebersekrets zur Aufspaltung des Fetts in der aufgenommenen Nahrung
- bittere Aggression
- zerlegen und nutzbar machen
- analoge Redewendungen: „jemandem läuft die Galle über", „jemandem kommt die Galle hoch"

Milz

- (siehe Drüsen)

Nieren

- partnerschaftliches Organ
- sorgt für Gleichgewicht zwischen Säuren und Basen im Körper
- Filterfunktion
- verantwortlich für den Wasserhaushalt
- analoge Redewendungen: „jemandem an die Nieren gehen", „auf (Herz) und Nieren prüfen"

Nierenbecken

- Auffang- und Sammelbecken des Überflüssigen
- Steinbildung als ungelöste Anteile möglich

Harnleiter

- Kanal des Urins von der Niere zur Harnblase
- Ableitung des Verbrauchten

Harnblase

- Hohlorgan
- dehnbarer Sammelbehälter, der Druck und Spannung aushalten muss
- Abgabe der verbrauchten Körperflüssigkeit in aufgesammelten Mengen
- analoge Redewendungen: im Sinne von „etwas im Urin haben"

Harnröhre

- Stück des Kanalsystems, das nach außen führt
- Ableitung des Verbrauchten: gefärbtes Wasser, Kochsalz, Harnstoff und Harnsäure

Drüsen

Drüsen

- Produktion von Botenstoffen, die als Informationsträger die Selbststeuerung der Organismen ermöglichen

Zirbeldrüse

- gibt den inneren Rhythmus an
- unsere innere Uhr

Hirnanhangsdrüse

- Gehirn der Drüsen
- „Dispatcher-Drüse"
- Regelung des harmonischen Zusammenwirkens im Innern und der bestmöglichen Anpassung an äußere Anforderungen

Speicheldrüse

- ermöglicht das Spucken, das Küssen, den Appetit auf Nahrungsmittel zu spüren (Wasser, das im Munde zusammenläuft)
- Beginn des Verdauungstrakts
- Gleitfähigmachen der Nahrung

Schilddrüse

- regelt alle Umschlagprozesse im Körper
- Stoffwechsel
- Temperatur
- Entwicklung, Stimmung, Lebhaftigkeit, Temperament, Wachstum und Reifung

Nebenschilddrüsen

- Vermittlung zwischen hart und weich, Festigkeit und Beweglichkeit
- regulieren den Spannungszustand im Körper

Thymusdrüse

- hinter dem Brustbein liegend
- „Militärakademie" des Abwehrsystems
- Reifungsprozess der Persönlichkeit
- Ausprägung der Lebensenergie
- bildet sich im Erwachsenenalter zurück

Geschlechtsorgane

Geschlechtsorgane

- Sexualität und Fortpflanzung
- Sinnlichkeit
- Lust als Geschenk
- Vereinigung des männlichen und weiblichen Pols
- Einheit im Organismus
- Möglichkeit der Entstehung neuen Lebens

erogene Zonen

- alle Körperstellen, deren zärtliche Berührung verstärkt Lustempfindungen auslösen (Kitzler, Schamlippen, Brustknospen, Penis, Innenseiten von Oberarmen und -schenkeln, Hals)
- dienen dem Spannungsaufbau vor der geschlechtlichen Vereinigung

Venushügel

- „bewaldeter Hügel", der erklommen und überwunden werden will, um in den Genuss der Lust zu zweit zu kommen

Eierstöcke

- Aufbewahrungsort der Fruchtbarkeit und des entwicklungsgeschichtlichen Gedächtnisses
- Depot neuen Lebens
- Quelle der Kreativität
- Hormonproduktion zur Aufrechterhaltung des Monatszyklus

Eileiter

- aktive Transportröhre für eine befruchtete Eizelle zur Gebärmutter
- erste Etappe des entstandenen Lebens (Befruchtung erfolgt oft bereits hier)

Gebärmutter

- mit Schleimhaut
- Bett der befruchteten Eizelle
- Aufnahme und Ernährung
- Geborgenheit und Fürsorge
- dehnungsfähigster aller menschlichen Muskeln
- weiblicher Rhythmus im gebärfähigen Alter (Abstoßen der nicht gebrauchten Gebärmutterschleimhaut und Neuaufbau im folgenden Zyklus)

Mutterkuchen

- erster Kuchen der Mutter für ihr Kind
- Nahrung für das neue Leben
- Ernährung aus dem eigenen Blut

Scheide
- Aufnahme des Penis bei der sexuellen Vereinigung
- Geburtskanal bei der Entlassung neuen Lebens in die Polarität

Schamlippen
- Vorhänge des Ein- und Ausgangs zur geschlechtlichen Unterwelt
- dehnungsfähiger Verschluss der Schatzkammer
- Schutz vor Austrocknung

Klitoris
- Kitzler
- empfindlichste Reizfläche bis hin zu einem eigenständigen Orgasmus
- vergleichbar mit dem Penis des Mannes

Hoden
- Fruchtbarkeit
- Produktion der Samenzellen im Überfluss (Sicherstellung der Fortpflanzung)
- empfindliche Körperstelle
- Lustorgan
- Zeugungskraft (Kraft der Lenden ...)

Nebenhoden
- Speicher der Samenzellen

Samenleiter
- Weg der Samenzellen
- Rennstrecke: Nur der Stärkste kann der Sieger sein und das Ziel erreichen! Länge ca. 50 cm
- führt über die Vorsteherdrüse bis zur Harnröhre

Prostata
- fügt den Samenzellen in den Samenbläschen Sekret bei, das Beweglichkeit und Überleben im sauren Scheidenmilieu sichert
- letzter Aufenthalt der Samenzellen vor dem Samenerguss
- umklammert die Harnröhre

Penis
- männliches Machtinstrument
- Lenkwaffe der Samenzellen
- Lust schenken
- Versteifung und Vergrößerung bei sexueller Erregung
- dadurch ist sexuelle Vereinigung möglich
- Rückzug nach Orgasmus

- weich und kleiner im Ruhezustand
- enthält die Harnröhre

Eichel
- Waffenspitze
- Bereich größter Reizbarkeit und Lustempfindung
- bahnt den Weg für die Vereinigung und die Samenzellen

Vorhaut
- weiche Umhüllung von Penis und Eichel
- Schutz und Bewahrung der Empfindsamkeit
- die Haut

Haut

- Außengrenze des Körpers
- Tastsinn und Gefühl der Wahrnehmung
- Kontakt und Berührung
- Zärtlichkeit
- Schutz und Isolation
- Spiegel der inneren Befindlichkeit
- Atmung und Austausch (Wärme und Wasser)
- Reflexzonen der inneren Organe
- analoge Redewendungen: „aus der Haut fahren", „nicht aus seiner Haut herauskönnen", „sich in seiner Haut wohl/nicht wohl fühlen", „nicht in jemandes Haut stecken mögen", „mit heiler Haut davonkommen", „sich etwas mit Haut (und Haaren) verschreiben"

Schleimhaut
- Innengrenze
- Schutz und Aufnahme
- Filter zur Innenwelt
- Fruchtbarkeit

Muskel-, Binde- und Fettgewebe

Muskulatur
- Antriebsmaschinerie des Körpers
- Kraftübertragung
- Umsetzen eines Teils der Körperenergie in Bewegung
- Polarität zwischen Anspannung und Entspannung
- analoge Redewendungen: „die Muskeln spielen lassen"

Bindegewebe
- Halt und Verbindung
- hält Organe an ihrem Platz und den Körper in Form
- sichert die Verbindung und das Zusammenspiel der Muskelgruppen

Sehnen und Bänder
- Verbindung und Kraftübertragung
- Taue und Stricke in den Gliedmaßen sowie um die Gelenke und die Wirbelsäule
- stehen für Beweglichkeit in vorgegebenen Grenzen

Fettgewebe
- Schutz- und Isolationsschicht
- Energievorrat
- Reservedepot aus dem Überfluss
- Gewicht und Ausdehnung
- die Wirbelsäule, Gelenke und Knochen

Wirbelsäule, Gelenke und Knochen

Wirbelsäule
- Rückgrat des Körpers
- Haltung – hält den Körper aufrecht
- Achse des Körpers
- Beweglichkeit und Stabilität
- trägt das Gewicht des Körpers über die Erde
- Abfederung durch Bandscheiben (weiblicher Teil der Wirbelsäule)

Halswirbelsäule
- Tragen und Bewegen des Kopfes
- Umsicht und Überblick – Gesichtsfelderweiterung
- hat die Last des Kopfes zu tragen

Lendenwirbel
- „das Kreuz haben", zu etwas zu stehen
- Last des Lebens tragen
- Problemzone
- Beweglichkeit und Stabilität gleichzeitig

Gelenke
- Beweglichkeit
- den Menschen und der Welt näher kommen, sie an sich heranholen
- körpersprachliche Artikulation

Gelenkinnenseiten
- Offenheit, Sicherheit und Vertrauen, wenn nach außen gewendet
- Verletzbarkeit und Schutzlosigkeit

Gelenkaußenseiten
- Schutz und Abgrenzung

Handgelenk
- Beweglichkeit
- Handlungsfähigkeit

Ellenbogen
- Durchsetzungsvermögen, sich Raum verschaffen

Schultergelenk
- Garant für die Beweglichkeit der Arme
- Spielraum für (Bewegungs-) Freiheit mit nur geringfügigen Abstrichen

Hüftgelenk
- Ausgangspunkt der Schritte
- Grundlage der Fortbewegung
- verantwortlich für Ausmaß des Wirkungskreises

Kniegelenk
- ermöglicht das Auf und Nieder der Beine bei der Vorwärtsbewegung, der Erde näher zu kommen, sich klein zu machen und eine demutsvolle Haltung einzunehmen

Sprunggelenk
- Grundlagen für den aufrechten Gang und Absprung
- federndes Gehen
- fließende Vorwärtsbewegungen

Knochen
- Tragwerk des Körpers
- gibt Halt und Festigkeit
- zunehmende Verknöcherung verringern Flexibilität
- analoge Redewendungen: „für etwas seine Knochen hinhalten", „jemandem in die Knochen fahren", „den Schreck in den Knochen spüren", „jemandem das Mark aus den Knochen saugen"

Knorpelgewebe
- Verbindlichkeit (zwischen Knochen)
- Umhüllung der Gelenkköpfe und -pfannen

- Abfederung bei Belastung und Beweglichkeit
- jugendliche Biegsamkeit

Bandscheiben
- weicher, elastischer Puffer zwischen den Wirbelkörpern
- Stoßdämpferfunktion
- Belastungsausgleich und -verteilung
- weiblicher Anteil der Wirbelsäule, der reibungslose Funktion, Biegsamkeit, Belastungsanpassung und Wendigkeit ermöglicht

Das Gehirn

Gehirn
- Regierungssitz unseres Körpers
- Metropole mit allen wichtigen verwaltungstechnischen Institutionen, zentrale Verwaltung, Archiv und Zentralbibliothek (Gedächtnis und Wissen)
- Logistikzentrum, Steuerungs- und Informationszentrum

linke Hirnhälfte
- Sitz der Logik und des kausalen Denkens (Ursache und Wirkung)
- Sachlichkeit
- glasklarer Verstand
- Ratio
- Steuerung der rechten Körperseite
- analoge Redewendungen: im Sinne von „jemandem bleibt der Verstand stehen", „über jemandes Verstand gehen"

rechte Hirnhälfte
- Sitz des bildhaften Vorstellungsvermögens
- Kreativität
- Gefühlsenergie durch gespeicherte, aufgenommene und vorgestellte Bilder
- Fantasie
- Irratio
- Steuerung der linken Körperhälfte

Großhirn
- Steuerungszentrale des Organismus
- ermöglicht ganzheitliches Denken
- Ratio sowie Irratio
- Vereinigung der sonst getrennten Hirnhälften durch den Balken

Kleinhirn
- verantwortlich für nicht willentliche Bewegung und Genauigkeit bei der Ausführung der Bewegungsbefehle aus der obersten Ebene

Stammhirn
- auch das „alte Gehirn" (entwicklungsgeschichtlich)
- regelt alle wichtigen Lebens- und Überlebensfunktionen wie Atmung, Lidschlag und Herzschlag

limbisches System
- Teil des Stammhirns
- das Gefühlsgehirn
- dem Großhirn beigeordnet
- Verarbeitung von Reizen aus dem Inneren des Körpers und der Außenwelt und Weiterleitung der Signale

Riechhirn
- Reptiliengehirn
- Verbindung von Geruchswahrnehmung (Witterung) und Gefühl, Instinkt und Eingabe (Intuition)
- starker Reiz – Entscheidung über Kampf oder Flucht

Gehirnhäute
- Schutz und Versorgung des Gehirns
- Abpolsterung und Isolation

Rückenmark
- Verwaltung auf der nächst unteren Ebene (Länder, Distrikte, Provinzen)
- Verbindung zwischen oben und unten, gewisser Handlungsspielraum bei Entscheidungen vor Ort

Rückenmarkshäute
- Verpackung der Hauptnervenbahnen
- Schutz und Umhüllung mit Wasserpolster

Das Nervensystem

Nervensystem
- System der Verbindung, Übermittlung, Steuerung, Koordinierung, Kontrolle über das gesamte Körpergeschehen des Denkens, Fühlen und Handelns
- analoge Redewendungen: „jemandem gehen die Nerven durch", „keine Nerven haben", „die Nerven behalten", „Nerven wie Drahtseile", „je-

mandem den letzten Nerv rauben", „die Nerven verlieren", „mit den Nerven herunter sein"

vegetatives Nervensystem

- selbstständig arbeitende Relaisstation des Körpers
- dem Willen nicht unterworfen
- Reflexe
- Eingeweidenervensystem

Sympathikus

- Teil des vegetativen Nervensystems
- zuständig für Aktivierung, Anspannung, Antrieb, Kampf oder Flucht

Parasympathikus

- Teil des vegetativen Nervensystems
- zuständig für Erholung, Entspannung, Ruhe, Wiederherstellung

zentrales Nervensystem

- unterliegt dem Willen
- Steuerung unseres Handelns
- Agieren und Reagieren

Literaturverzeichnis

Aerni, Fritz: *Lehrbuch der Menschenkenntnis.* Zürich 1988

Bierach, Alfred J.: *In Gesichtern lesen. Menschenkenntnis auf den ersten Blick.* Genf 1990

Calamini, Manuele; *Grüner, Cordula: Zähne und Gesundheit. Naturkundlich vorsorgen und behandeln.* Heidelberg 1997

Corell, Werner: *Menschen durchschauen und richtig behandeln. Psychologie für Beruf und Familie.* München 1995

Dahlke, Rüdiger: *Der Mensch und die Welt sind eins.* München 1987

Delacour, Jean Baptiste: *Das große Lexikon der Charakterkunde.* Hersching 1980

Dethlefsen, Thorwald: *Schicksal als Chance.* München 1979

Dethlefsen, Thorwald; Dahlke, Rüdiger: *Krankheit als Weg.* München 1990

Doucet, Friedrich W.: Menschenkenntnis. *Selbsterkenntnis in Partnerschaft und Beruf.* 1986

Fast, Julius: *Körpersprache.* Reinbek bei Hamburg 1979

Hartenbach, Walter: *Was Ohren verraten.* Frankfurt/Main 1993

Huter, Carl: *Illustriertes Handbuch der praktischen Menschenkenntnis nach meinem System der wissenschaftlichen Psycho-Physiognomik.* Schwaig bei Nürnberg 1985

Ibelgaufts, Renate: *Körpersprache. Wahrnehmen, deuten und anwenden.* Augsburg 1997

Känzig, Rudolf: *Graphologie. Menschen anhand ihrer Schrift verstehen und beurteilen.* München 1991

Klages, Ludwig: *Die Grundlage der Charakterkunde.* Leipzig 1926

Klages, Ludwig: *Handschrift und Charakter.* Leipzig 1941

Kretschmer, Ernst: *Körperbau und Charakter.* Berlin 1977

Kurtz, Ron; Prestera, Hector: *Botschaften des Körpers. Bodyreading: ein illustrierter Leitfaden.* München 1991

Kupfer, Amandus: *Grundlage der Menschenkenntnis.* Arlesheim 1989

Kybalion: *Eine Studie über die hermetische Philosophien des alten Ägyptens und Griechenlands.* Heidelberg 1997

Landau, Terry: *Von Angesicht zu Angesicht. Was Gesichter verraten und was sie verbergen.* Heidelberg, Berlin, Oxford 1993

Molcho, Samy: *Körpersprache.* München 1998

Reutler, Bernd H.: *Körpersprache verstehen.* München 1995

Rosenberg, Anna: *Körpersprache verstehen und bewusst einsetzen.* o. J.

Röthlein Brigitte: *Unser Gehirn wird entschlüsselt.* Hamburg 1993

Rückle, Horst: *Körpersprache verstehen und deuten.* Niederhausen/Ts. 1991/93

Rückle, Horst: *Körpersprache für Manager.* Landsberg/Lech 1998

Ryborz, Heinz: *Menschen erkennen, durchsuchen, verstehen.* Zürich 1988

Spiethz, Rudolph: *Menschenkenntnis im Alltag. Körpersprache, Charakterdeutung, Testverfahren.* 1994

Stadtlaender, *Chris: Graphologie.* Rastatt 1995

Zielke, Wolfgang: *Sprechen ohne Worte.* München 1987

Zimbardo, Philip: *Psychologie.* Berlin, Heidelberg 1999

Stichwortverzeichnis

D

E

F

G

H

I

J

K

L

M

N

O

P

R

S

T

U

V

W

Y

Z